聖書がわかれば世界が見える

池上 彰

SB新書
596

はじめに――『聖書』がいまの世界をつくった

先日、あるイギリス映画を見ていたところ、主人公が友人たちの前で、自分の妻を褒め、次のような形容をしていました。

「ソロモンより賢く、サムソンより強く、ヨブより忍耐強い」

要は、私の妻でいられるのだから、という自虐的なギャグなのですが、ここに出てくる名前は、すべて『聖書』に登場します。これなど『聖書』の内容を知らないと理解できませんね。観客はみんなキリスト教の基礎的な素養があることを前提に映画が制作されていることがわかります。

欧米の映画を見たり、小説を読んだりしていると、こういう事態にしばしば遭遇します。欧米の新聞の見出しにも、よく『聖書』由来の言い回しが使われます。キリスト教社会ならではの共通基盤があるからです。

欧米では、人名にも『聖書』由来が多数あります。たとえばイギリスの音楽グループだったビートルズ。ポール・マッカートニーの「ポール」は、初期キリスト教の伝道者だったパウロが語源です。ジョン・レノンの「ジョン」も『聖書』に登場するヨハネの英語読みです。ジョージ・ハリスンの「ジョージ」はキリスト教の聖人ゲオルギウスが由来。なんとビートルズの四人のうち三人までがキリスト教由来の名前なのです。

ほかにもマイケル・ジャクソンの「マイケル」は『聖書』の天使ミカエルの英語読みですし、ソ連（ソビエト社会主義共和国連邦）の最後の指導者ミハイル・ゴルバチョフの「ミハイル」も、やはり天使ミカエルです。ソ連はマルクス・レーニン主義国家として宗教を否定していましたから、その指導者の名前が、なぜキリスト教由来なのか疑問に思っていたのですが、ソ連が崩壊した後、ロシアでは一気にキリスト教が復活。このときゴルバチョフは、幼少期に親に連れられてひそかに教会で洗礼を受けていたことを告白しました。

小説『赤毛のアン』のアンを養子に受け入れたマシューは『聖書』の中の「マタイによる福音書」のマタイ由来です。

あるいは日本で活躍するお笑い芸人でアメリカ人のパックンの本名はパトリック・ハ

ーラン。この名前を聞いただけで、キリスト教の素養があれば、彼がアイルランド系であり、親は敬けんなカトリック教徒であることが推測できます。パトリックはアイルランドのカトリックの聖人の名前だからです。肝心の本人は、ハーバード大学比較宗教学部に進学して宗教を深く学んだ結果、キリスト教から離れてしまうという皮肉な結果になったのですが。

国際政治の場でもキリスト教は登場します。アメリカの大統領就任式で、大統領は『聖書』に手を置いて宣誓します。アメリカの紙幣にもコインにも「我々は神を信じる」と記されています。アメリカがキリスト教国家であることがわかります。

欧州統一の動きが進むEU（欧州連合）は二七カ国にまで増えましたが、トルコは加盟申請をしても、なかなか加入が認められません。EU側は言を左右にして認めませんが、本音はイスラム教徒の多いトルコを入れたくないからです。二七カ国を見ると、カトリック、プロテスタント、東方正教会の違いはあれ、いずれもキリスト教徒が多数を占める国ばかりなのです。

それが証拠に、欧州の国々には、国旗に十字架をあしらったものが多いですね。スイスはEUに加盟していませんが、赤地に白く十字が描かれています。赤十字を創設したアンリ・デュナンはスイス出身で、祖国の国旗の赤と白を逆にして赤十字の旗にしました。

長らく続く中東戦争。これは、欧州のキリスト教社会で迫害を受けたユダヤ人（ユダヤ教徒）たちが、『聖書』の記載を元に「自分たちの王国があった場所に新たな国をつくろう」とイスラエルを建国したことがきっかけです。

このように考えると、国際情勢を理解する上で、『聖書』の知識が必須であることがわかります。その点、日本はキリスト教徒が少ないから不利だなあ、などと思っていませんか。

でも、日本社会にもキリスト教由来のものがあります。たとえば一週間は、なぜ七日間なのでしょうか。それは、『旧約聖書』の冒頭で、神様がこの世界をおつくりになったとき、六日働いて七日目に休まれたと書いてあるからです。かくしてヨーロッパのキリスト教社会で一週間というリズムが生まれ、日本にも輸入されたのです。

そもそも西暦もキリスト教由来です。イエス・キリストが誕生した年を元年としたものだからです。ただし、西暦が普及した後で、イエスが誕生したのは西暦元年より四年前だったらしいということになったのですが。

あなたは、毎年一二月二五日のクリスマスを祝っていませんか。日本だとクリスマスより前日のクリスマス・イブの方が盛り上がるようですが、クリスマスは、もちろんイエス・キリストの誕生を祝う日。キリスト教徒でもない人がクリスマスを祝うというのは不思議なことですが、そもそもイエスが生まれたのは一二月二五日であるという証拠はありません。これは後世の欧州の人たちが、決めた日付でしかないのです。

私たちの日常会話で「目からうろこ」という表現が出てきますね。これは『新約聖書』の中の「使徒言行録」に出てくるエピソードが由来です。後にキリスト教の熱心な伝道師になるパウロは、当初はキリスト教徒を迫害する側にいました。するとある日、目が見えなくなってしまうのですが、イエスを信じるようになった途端、「目からうろこのようなものが落ち」、再び目が見えるようになったというのです。

どうですか。さまざまな場面に登場する『聖書』。世界最大のベストセラー書籍の内容を知らないと、恥をかくことが出てくると思いませんか。

かく言う私はキリスト教徒ではなく、むしろ仏教に親近感を覚える立場ですので、「キリスト教徒になりなさい」などと宣教するつもりはありませんが、常識として、あるいは教養として、キリスト教を知っておく必要があると思います。

日本国内のキリスト教徒は約一〇〇万人ですが、世界では総人口約七七億人のうち約二四億人とされています。世界の人口の約三割はキリスト教徒なのです。

アメリカのジョー・バイデン大統領はカトリック教徒、引退したドイツのアンゲラ・メルケル首相は敬けんなプロテスタントでした。ロシアのプーチン大統領ですらロシア正教徒だと自任しています。二〇二二年二月、ウクライナに武力侵攻したプーチン大統領は、翌三月、武力侵攻を正当化する集会を開き、ウクライナで戦死したロシア兵について、次のように発言しました。

「友のために自分の命を捨てること、これ以上に大きな愛はない」

これは『新約聖書』の「ヨハネによる福音書」の中の言葉です。プーチン大統領は、自国の兵士に対して、こう言って、いわば「死ね」と命じたようなものです。

実は、聖書のこの文章の直前には、次のような文章があります。

「わたしがあなたがたを愛したように、互いに愛し合いなさい。これがわたしの掟である」

軍事侵攻でウクライナ兵の殺害を命じている立場では、「互いに愛し合いなさい」などと言えなかったのでしょうね。

独裁者も自分に都合よく『聖書』を引用することがあるのです。

こういう現実を知ると、ますます『聖書』のことを知りたくなるのではありませんか。とはいえ、『旧約聖書』と『新約聖書』に分かれて分量が多いことから、読み始めるのは億劫かも知れません。そこで、まずは『聖書』に何が書かれているかを解説することにしました。そこからキリスト教が世界に広がり、さまざまな出来事が生まれることになった歴史を振り返ります。国際情勢を理解する一助として、どうぞ気軽に読み始めてください。

目次

第3章

『新約聖書』を読んでみよう

第4章 世界に広がるキリスト教

第5章 キリスト教の分裂——正教会の成立

第6章 ローマ教皇の権威確立

第7章 イスラム世界との対立招く十字軍

第8章 キリスト教の再度の分裂——宗教改革

第9章 福音派が大きな影響力を持つ米社会

本書で使用する『聖書』の日本語訳は、日本聖書協会の「新共同訳」です。かつては日本語訳がカトリックとプロテスタントで別々のものだったのですが、同じキリスト教なのだから翻訳を統一した方がいいだろうという声が上がり、共同訳となり、食い違っていた用語が統一されました。翻訳書自体は何度も更新され、最新版は二〇一八年一二月に初版が刊行されました。翻訳の更新には二〇一〇年から二〇一七年まで八年間かかったそうです。

というわけで、「新訳」の『聖書』を使用しますが、そもそも『聖書』には『旧約聖書』と『新約聖書』があります。これは「旧訳」や「新訳」ではありませんよ。旧約とは「古い契約」、新約とは「新しい契約」という意味です。

第1章

いまさら聞けない『聖書』とは

三つの宗教の神様は同じ

もともとユダヤ人にとっての『聖書』はひとつだけ。それが、キリスト教が誕生したことで、キリスト教徒たちは、人間たちがイエスを通じて神と新しい契約を結んだと考え、それまでの『聖書』を「旧約」とし、イエスの言行録などを中心に編纂されたものを「新約」と呼ぶようになったのです。キリスト教徒にとっては、どちらも大事な経典です。

ですから、ユダヤ教徒にとって『聖書』はひとつだけであり、その『聖書』を『旧約聖書』などと呼ぶことはキリスト教徒たちの勝手な振る舞いだということになります。

いま私は「ユダヤ人」と「ユダヤ教徒」という言葉を使いました。これは同義です。ユダヤ人という民族は、ユダヤ教を信じる人たちのことです。ですから、ユダヤ人には白人もいれば黄色人種も黒人もいます。

ユダヤ人の定義とは、「ユダヤ教徒の母親から生まれた」、あるいは「ユダヤ教に改宗した」人のことを指します。

ちなみにイスラム教においては、神様（アッラー）がユダヤ教徒に『聖書』を与えたが、ユダヤ教徒が神様の言いつけを守っていないので、イエスを通じて新たに『新約聖書』を与えた、という立場です。

その上で、しかしキリスト教徒たちも神様の言いつけを守らなかったので、神様は最後にムハンマドを預言者として、神様の言葉を伝えたという立場です。三つの宗教は、神様が同じだからです。この神様の言葉を編纂したものが『コーラン』です。最近の高校の教科書には『クルアーン』と表記されていますが、同じものです。なるべく原語に近い表記にしようということになって、『クルアーン』となりました。「声に出して読むべきもの」という意味です。

つまりイスラム教においては、『旧約聖書』も『新約聖書』も、いずれも信仰の経典ですが、『コーラン』が最も大事な存在ということになるのです。

三つの宗教でイエスの位置づけは異なる

三つの宗教は「アブラハムの宗教」と呼ばれることもあります。アブラハムは三つの宗教に共通する祖先だからです。アブラハムの二人の息子が、それぞれユダヤ人とアラブ人の祖先だとされているのです。二〇二〇年八月、それまで対立していたイスラエルとＵＡＥ（アラブ首長国連邦）がアメリカのトランプ大統領（当時）の仲介で結んだ平和条約は、「アブラハム合意」と呼ばれました。

こうして見てくると、三つの宗教とも神様は同じですが、イエスの位置づけは異なります。ユダヤ教においてイエスは何者でもありません。ただの人間です。

キリスト教では、イエスは「神の子」になります。と同時に「神」のもうひとつの現れです。「もうひとつの現れ」という考え方がわかりにくいですね。これは、のちほど詳しく解説しましょう。

一方、イスラム教では、イエスは人間ですが、神が預言者として選び、神の言葉を与えた大事な存在です。

三宗教におけるイエスの位置づけ

ユダヤ教	イエスは人間
キリスト教	イエスは神の子
イスラム教	イエスは人間（預言者）

預言者とは「神の言葉を預かる者」という意味です。ユダヤ教やキリスト教、イスラム教の三つの一神教においては、神様は預言者を選んで人間たちに教えるべき言葉を下すという構造になっているのです。

『旧約聖書』とは

『旧約聖書』は、ヘブライ語で書かれていますが、一部はアラム語も使われています。アラム語とは、当時の中東の一部で使われていた言語で、イエスもアラム語を話していたとされます。

内容は「創世記」や「出エジプト記」など全三九巻からなる膨大な書物です。このうち冒頭の「創世記」と「出エジプト記」、「レビ記」、「民数記」、「申命記」の五巻を「モーセ五書」と呼びます。

ここには天地創造からアダムとイブ、エデンの園から二人の追放など、興味深い物語が始まり、やがてユダヤ人とアラブ人の共通の祖先であるアブラハムが登場。ユダヤ人の祖先のヘブライ人たちがエジプトで奴隷になっていたところ、モーセが預言者として神の声を聞き、指示に従ってヘブライ人たちをエジプトから脱出させ（出エジプト）、約束の地カナンに行くまでが描かれています。ここにモーセが登場するので「モーセ五書」と呼ばれるというわけです。

この過程でモーセは、人間たちが守るべき「十戒」を神から授かります。ユダヤ教徒が守るべき戒律が記されています。

この五巻がユダヤ教徒にとっては一番大事なもので「律法」（トーラー）といいます。人間たちが守るべきことが記されているからです。

『新約聖書』とは

こちらは全二七巻。すべてギリシャ語で書かれています。イエスが誕生して十字架にかけられて殺害され、復活。やがて昇天するまでを描いた四つの「福音書」（良い知らせという意味）と、イエスの弟子たちの言行録である「使徒言行録」や「ローマ人への手紙」などが掲載されています。これを読むと、キリスト教が、イエスの処刑の後、大きく発展していく様子がわかります。

また「ヨハネの黙示録」では、この世の終わりとキリストの再臨が予言されています。恐ろしい情景が描かれ、多くの文学作品のモチーフになっています。具体的に何を指しているかよくわからない部分も多く、それが読む者の想像力を刺激します。

イスラム教の『コーラン』とは

一方で、いまから一四〇〇年ほど前、アラビア半島のメッカに生まれたムハンマドが、

「神の声を聞いた」として、その言葉を広めることでイスラム教が確立しました。ムハンマド亡き後、ムハンマドから伝えられた「神の言葉」を暗記していた人たちが集められて『コーラン』が編纂されました。

イスラム教においては、信者の両肩にひとりずつ天使がいて、信者の言動を記録に取ります。やがて世界の終わりが来たときに彼らは生き返ります。

復活した彼らは、一人ひとり神の前に引き出されて審判を受けます。生前、天使が記録していた良い行いと悪い行いが秤にかけられ、良い行いが多ければ天国に、悪い行いの方が上回っていれば、地獄に落ちることになっています。

信者は一日に五回のお祈りをすることなど信者としての義務が記され、日々の行動の指針となっています。

この『コーラン』の中では、同じ神の言葉が記された経典を信じるユダヤ人とキリスト教徒を「啓典の民」と呼び、大事にするように求められていることは意外に知られていません。

一方で、イスラム教徒の土地を守るために侵略者と戦うことは「ジハード」とされています。ジハードは「聖戦」と訳されることが多いのですが、実際には「イスラムの教えを守るための努力」のことです。イスラムの土地を守るための努力は戦争になることが多いことから、聖戦と訳されてしまいました。

ＩＳ（イスラム国）などイスラム過激派は、ユダヤ教徒やキリスト教徒も殺害の標的にしていますが、『コーラン』では、そのような行為は戒められているのです。過激派は、ジハードを拡大解釈して非人道的な行為を繰り返しているのです。

第2章

『旧約聖書』を読んでみよう

世界はいかに創造されたか

ここまで『聖書』やイエスの位置づけなどを概観してきました。ここからは『旧約聖書』の中身を見ていくことにしましょう。

『旧約聖書』の冒頭は「創世記」です。そもそも世界がどのように創造されたかが描かれています。少し長いですが、重要な個所なので、そのまま引用しましょう。

初めに、神は天地を創造された。地は混沌であって、闇が深淵の面にあり、神の霊が水の面を動いていた。神は言われた。

「光あれ。」

こうして、光があった。神は光を見て、良しとされた。神は光と闇を分け、光を昼と呼び、闇を夜と呼ばれた。夕べがあり、朝があった。第一の日である。

神は言われた。

「水の中に大空あれ。水と水を分けよ。」

神は大空を造り、大空の下と大空の上に水を分けさせられた。そのようになった。神は大空を天と呼ばれた。夕べがあり、朝があった。第二の日である。

神は言われた。

「天の下の水は一つ所に集まれ。乾いた所が現れよ。」

そのようになった。神は乾いた所を地と呼び、水の集まった所を海と呼ばれた。神はこれを見て、良しとされた。神は言われた。

「地は草を芽生えさせよ。種を持つ草と、それぞれの種を持つ実をつける果樹を、地に芽生えさせよ。」

そのようになった。地は草を芽生えさせ、それぞれの種を持つ草と、それぞれの種を持つ実をつける木を芽生えさせた。神はこれを見て、良しとされた。夕べがあり、朝があった。第三の日である。

神は言われた。

「天の大空に光る物があって、昼と夜を分け、季節のしるし、日や年のしるしとなれ。天の大空に光る物があって、地を照らせ。」

そのようになった。神は二つの大きな光る物と星を造り、大きな方に昼を治めさせ、小さな方に夜を治めさせられた。神はそれらを天の大空に置いて、地を照らさせ、昼と夜を治めさせ、光と闇を分けさせられた。神はこれを見て、良しとされた。夕べがあり、朝があった。第四の日である。

神は言われた。

「生き物が水の中に群がれ。鳥は地の上、天の大空の面を飛べ。」

神は水に群がるもの、すなわち大きな怪物、うごめく生き物をそれぞれに、また、翼ある鳥をそれぞれに創造された。神はこれを見て、良しとされた。神はそれらのものを祝福して言われた。

「産めよ、増えよ、海の水に満ちよ。鳥は地の上に増えよ。」

夕べがあり、朝があった。第五の日である。

神は言われた。

「地は、それぞれの生き物を産み出せ。家畜、這うもの、地の獣をそれぞれに産み出せ。」

そのようになった。神はそれぞれの地の獣、それぞれの家畜、それぞれの土を這うものを造られた。神はこれを見て、良しとされた。神は言われた。

「我々にかたどり、我々に似せて、人を造ろう。そして海の魚、空の鳥、家畜、地の獣、地を這うものすべてを支配させよう。」

神は御自分にかたどって人を創造された。

神にかたどって創造された。

男と女に創造された。

神は彼らを祝福して言われた。

「産めよ、増えよ、地に満ちて地を従わせよ。海の魚、空の鳥、地の上を這う生き物をすべて支配せよ。」

神は言われた。

「見よ、全地に生える、種を持つ草と種を持つ実をつける木を、すべてあなたたちに与えよう。それがあなたたちの食べ物となる。地の獣、空の鳥、地を這うものなど、すべて命あるものにはあらゆる青草を食べさせよう。」

そのようになった。神はお造りになったすべてのものを御覧になった。見よ、それは

極めて良かった。夕べがあり、朝があった。第六の日である。

天地万物は完成された。第七の日に、神は御自分の仕事を完成され、第七の日に、神は御自分の仕事を離れ、安息なさった。この日に神はすべての創造の仕事を離れ、安息なさったので、第七の日を神は祝福し、聖別された。

これが天地創造の由来である。

まだ人間が誕生する前の話をどうして人間が書けるんだ、という突っ込みを入れたくなりますが、これは聖霊の力によって書かれたと信じられています。

神様だって六日働いたら七日目には安息された、つまり休まれた。これにより一週間は七日間で、七日目は休むことになったという生活のリズムが定着したことがわかります。

これを読むと、必ず「夕べがあり、朝があった」と書かれていますね。ユダヤ教では、一日の始まりは日没からなのです。

人間を造るところで、神は「我々」と言っています。これは別に神が複数存在するという意味ではありません。神のような偉大な存在は複数形で表現することになっているからです。

この物語を読むと、人間は神によって地上の支配者にされたことがわかります。「地の上を這う生き物をすべて支配せよ」と命じているのですから。

こうして、人間たちは大自然をどのように改造しても構わないという思想が形成されたという指摘もあります。その結果、大自然のあらゆるところに神が存在する、自然の中でこそ人間は生存できるというアジアの多神教とは異なった考え方が支配的になり、自然破壊が進んだというわけです。

ただ、多神教の国でも経済成長に伴って自然破壊は深刻になっていますから、自然破壊を宗教の特徴と結びつけることには慎重でなくてはなりませんが。

人間はいかに創造されたか

こうして世界が創造されると、次に神は人間を創造し、エデンの園に住まわせます。

その部分は、次のように記述されています。

主なる神は、土（アダマ）の塵で人（アダム）を形づくり、その鼻に命の息を吹き入れられた。人はこうして生きる者となった。主なる神は、東の方のエデンに園を設け、自ら形づくった人をそこに置かれた。主なる神は、見るからに好ましく、食べるに良いものをもたらすあらゆる木を地に生えいでさせ、また園の中央には、命の木と善悪の知識の木を生えいでさせられた。（中略）

主なる神は人を連れて来て、エデンの園に住まわせ、人がそこを耕し、守るようにされた。主なる神は人に命じて言われた。

「園のすべての木から取って食べなさい。ただし、善悪の知識の木からは、決して食べてはならない。食べると必ず死んでしまう。」

主なる神は言われた。

「人が独りでいるのは良くない。彼に合う助ける者を造ろう。」（中略）

主なる神はそこで、人を深い眠りに落とされた。人が眠り込むと、あばら骨の一部を

抜き取り、その跡を肉でふさがれた。そして、人から抜き取ったあばら骨で女を造り上げられた。（中略）

人と妻は二人とも裸であったが、恥ずかしがりはしなかった。

最初の人間は男で、名前は「アダム」。その名前は土の塵から造形されたからなのです。男のあばら骨から女は造られました。「人を助ける者」として創造されたというのです。

この記述を根拠に男女格差は長らく是認されてきました。女性は男性を助ける役割だというわけです。

この段階では女の名前はまだありませんが、その後、アダムが「エバ」（命）と名付けます。「彼女がすべて命あるものの母となったからである」。エバはイブとも呼ばれます。こうして「アダムとイブ」の物語が始まります。

神は二人に「善悪の知識の木」から実を取って食べることを禁じたにもかかわらず、エデンの園にいた蛇がイブを誘惑して実を食べるように唆します。蛇はこう言います。

「それを食べると、目が開け、神のように善悪を知るものとなることを神はご存じなのだ。」

誘惑に負け、イブは知恵の実を食べ、アダムにも食べさせます。

二人の目は開け、自分たちが裸であることを知り、二人はいちじくの葉をつづり合わせ、腰を覆うものとした。

人間は、禁断の実を食べたことで知恵がつきます。神は人間たちが知恵をつけることを望んでいなかったというのです。人間は知恵を得たことで、その後の苦難の道が始ります。

ちなみに「知恵の実」はリンゴというイメージを持っている人もいると思いますが、『聖書』にはそうは書かれていません。後世にリンゴと誤解されるようになったと言われています。

iPhoneなどで知られるアップルのシンボルマークは、リンゴの一部が齧《かじ》られたもの。これも「知恵を持った」ということを示しています。ここにも『聖書』に関する知識が背景にあるのです。

二人が知恵の実を食べた日、神がやってきて二人が裸でないことに気づき、二人は知恵の実を食べたことを白状します。このときアダムは罪をイブになすりつけます。

「あなたがわたしと共にいるようにしてくださった女が、木から取って与えたので、食べました。」

主なる神は女に向かって言われた。

「何ということをしたのか。」

女は答えた。

「蛇がだましたので、食べてしまいました。」

アダムはイブのせいにして、イブは蛇のせいにする。人間の祖先はずるいですね。しかし、これも「知恵」がついたからこその振舞いかも知れません。

人間たちを誘惑した蛇に対し、神は罰を与えます。生涯にわたって地を這いまわり、塵《ちり》を食らうことになると宣告します。

さらに人間たちにも罰を与えます。

神は女に向かって言われた。
「お前のはらみの苦しみを大きなものにする。
お前は、苦しんで子を産む。
お前は男を求め
彼はお前を支配する。」
神はアダムに向かって言われた。
「お前は女の声に従い
取って食べるなと命じた木から食べた。
お前のゆえに、土は呪われるものとなった。

お前は、生涯食べ物を得ようと苦しむ。
お前に対して
土は茨とあざみを生えいでさせる
野の草を食べようとするお前に。
お前は顔に汗を流してパンを得る
土に返るときまで。
お前がそこから取られた土に。
塵にすぎないお前は塵に返る。」

神によって創造されたとき、人間は死ぬべき運命ではなかったのです。神の命令に背き、「食べたら死ぬ」という警告に従わなかったために、死すべき存在となったのです。さらに女は産みの苦しみを与えられ、男は苦労して食料を得なければならなくなりました。

神の命令に背いたことについて、キリスト教は、「人間は原罪を背負った」と考えます。

しかし、ユダヤ教では人間は原罪を背負っているとは考えません。聖書の解釈が異なるのですね。

こうして神の怒りを買ったアダムとイブはエデンの園から追放されます。これが「失楽園」です。

一七世紀のイギリスの詩人ジョン・ミルトンは、この物語に触発されて叙事詩『失楽園』を書き上げました。

ちなみに日本の作家・渡辺淳一の同名の書の方が日本ではよく知られていますね。こちらは一九九五年九月から約一年にわたって日本経済新聞に掲載されました。日経新聞の連載小説は紙面の最終面に掲載されます。連載時は赤裸々な性描写が話題となり、「日経新聞を最終面から読ませる小説」と称されました。おっと、余計な話でした。

エデンといえば、アメリカの作家ジョン・スタインベックの『エデンの東』も有名です。一九五二年に発表されました。この小説の舞台はアメリカですが、エデンから追放されたアダムとイブが産んだ兄弟カインとアベルの確執をモチーフにしています。この小説は、一九五五年に映画になり、主演したジェームス・ディーンは一躍人気俳優になりました。これも余計な話でした。

最初の殺人事件

こうしてエデンの園から追放されたアダムとイブですが、二人の間に二人の男の子が生まれます。カインとアベルです。

兄のカインは農業に従事し、弟アベルは羊飼いになります。カインは農産物を神に捧げ、アベルは羊を神に捧げますが、神がカインの貢ぎ物に目をくれなかったことにカインは怒り、弟を殺してしまいます。人類最初の殺人は、兄弟の間に起きたのです。

神の怒りを買ったカインは追放され、エデンの東の「ノド」（さすらい）の地に住むことになります。カインはここで子どもを持ちます。つまり結婚できたのですね。

これでスタインベックの小説が、なぜ「エデンの東」なのかがわかるでしょう。

ちなみにイギリスの作家ジェフリー・アーチャーが一九七九年に発表した小説『カインとアベル』も、創世記の物語を下敷きにしていることがわかります。『聖書』の知識を持っていると、こうした文学作品や映画の題名の意味が理解できるのです。
それにしても、なぜ神はカインの貢ぎ物には目をくれず、アベルの貢ぎ物を受け入れたのでしょうか。その点について「創世記」では理由を記していませんが、『新約聖書』の中の「ヘブライ人への手紙」に、その解釈が出ています。カインとアベルには、神への信仰の度合いに差があったからだというのです。

信仰によって、アベルはカインより優れたいけにえを神に献げ、その信仰によって、正しい者であると証明されました。神が彼の献げ物を認められたからです。（中略）信仰がなければ、神に喜ばれることはできません。神に近づく者は、神が存在しておられること、また、神は御自分を求める者たちに報いてくださる方であることを、信じていなければならないからです。

アダムは九三〇歳まで生きた

アダムとイブの二人の子は、一人は殺され、もう一人は追放されるという悲劇に見舞われますが、アダムが一三〇歳のとき、「セト」という男子が生まれます。随分と高齢で子を授かったのですね。アダムはその後も生き、九三〇歳で亡くなっています。

一方、セトは一〇五歳で「エノシュ」という男の子を授かり、九一二歳で亡くなります。創世記に描かれる人たちは、いずれも大変な長寿なのです。

人間たちがあまりに長生きであることを憂いた神は、人間の寿命を一二〇歳に定めてしまいます。これ以降、それより長寿の人間は出てこないというわけです。

実はこれまでの生物学の研究で、人間の寿命は、どれだけ長くても、せいぜい一二〇歳くらいまでということがわかってきています。創世記の記述が正しかったことがわかったのです。これには驚きます。

それはともかく、ここで疑問が起こります。アダムとイブに男の子が生まれたとしか書いていないのに、どうしてカインやセトは子どもを持つことができたのでしょうか。

聖書学者たちの解釈は、「創世記」には男子のことしか書かれていないだけで、実際には娘たちも生まれていた、というものです。事実、「創世記」にも、「娘たちが生まれた」と書いてあります。女性たちについて、いちいち記述していないだけだというわけです。

でも男子も女子も、いずれもアダムとイブの子孫ばかり。子どもたちで結婚したのでは近親結婚になってしまいますが、「創世記」に、こうしたことは書かれていません。現代の視点で見ればおかしいのですが。

「ノアの箱舟」の物語

かくしてアダムとイブの子孫は、カインの家系とセトの家系に分かれて続いていきます。このセトの家系に、やがてノアが登場します。ここで神の後悔の話が出てきます。

地上に人間たちが増えると、悪いことをする人間が増え、神は人間を創造したことを後悔したというのです。

ノアの家系図

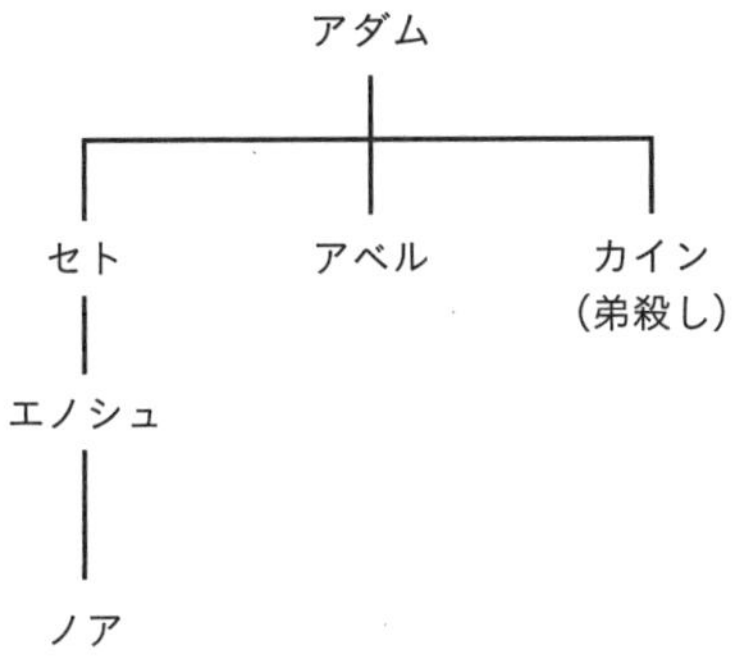

主は、地上に人の悪が増し、常に悪いことばかりを心に思い計っているのを御覧になって、地上に人を造ったことを後悔し、心を痛められた。主は言われた。「わたしは人を創造したが、これを地上からぬぐい去ろう。人だけでなく、家畜も這うものも空の鳥も。わたしはこれらを造ったことを後悔する。」

神様でも後悔することがあるのですね。この時代の神様は、実に人間的です。後悔した神は、地上のすべての生き物を絶滅させようと考えるのです。神を怒らせると怖いですね。神の一存で、人間など消えてしまうのです。

神は大洪水を起こし、地上の生き物すべてを絶滅させようとしますが、ノアは信心深かったので、ノアとノアの一族だけは助けようと考えます。そこで事前にノアに「箱舟」を造るように指示します。箱舟とは、屋根のある船です。大雨を降らせるので、船が浸水しないようにというわけです。

さらに集められるだけの食料を積み込み、あらゆる動物をメスとオスの一対ずつ船に収容させるように命じます。

これだけの巨大な船を、ノアの一族だけでどうやって建造できるのだろうと思ってしまうのですが、遂に箱舟は完成。あらゆる動物を収容し、ノアの一族が乗り込むと、扉を閉めて閉じこもります。

その直後、大雨が降り出し、四〇日間降り続けます。地表は水に覆われ、地上のあらゆる生き物は死に絶えてしまいます。

雨が止んだ後も一一〇日間にわたって水は引きませんでしたが、やがて水は引き、ノアの一族は船から出ることができました。そのノアに対し、神は、二度と洪水によって地を滅ぼすことはないと約束します。

こうしてノアの一族は次々と子孫をつくり、世界に再び人間たちがあふれるようになりました。『聖書』によれば、日本に住む私たちもノアの子孫だということになります。『聖書』に書かれていることはすべて真実だと信じているキリスト教原理主義者の人たちは、これを根拠に、人間たちが洪水で苦しむようになるという地球温暖化の筋書きはウソだと主張できるのです。

それにしても、ノアの一族ばかりでなく、あらゆる動物を収容できる船を造ることができるのか。「できる」と断言するのが、キリスト教原理主義者たちです。彼らは二〇一六年、アメリカ・ケンタッキー州に「ノアの箱舟博物館」を建造しました。長さ約一五五メートル、幅二六メートル、高さ一六メートルもの巨大な木造船です。

私はここを取材したことがあります。多くの家族連れが見学に訪れ、「ノアの箱舟は本当に存在したことが納得できました」と口々に話していました。驚くしかありませんでした。

この「箱舟」には、世界中のあらゆる動物が一対ずつ入れられたことになっていて、想像図にはパンダも入っていました。中国奥地に生息していたパンダを、ノアの一族がどうやって連れてきたのか興味がそそられるところです。

「バベルの塔」の物語

ノアの子孫の人間たちは、やがて不遜な行動に出ます。**「天まで届く塔のある町を建て、有名になろう」**と言い出すのです。

高い塔を建てて有名になろう。中東ドバイの世界一高い建物「ブルジュ・ハリファ」は、確かに有名になりましたし、日本でも日本一高いビルの建設競争が続いています。

しかし、神はこれを見て不快に感じたようです。当時の人々は、みな同じ言葉を話していました。同じ言葉を話しているから建設作業員同士の意思の疎通が容易で建設が進んでしまう。人々の話す言葉をバラバラにして、工事ができないようにしよう。こうして人々は別々の言葉を話すようになり、工事は中断。塔は完成しなかったといいます。神は混乱（バラル）させたので、「バベルの塔」と呼ばれるようになったといいます。

日本では一九八〇年代のバブルの時代、高層ビルや高層マンションが競って建設されましたが、バブルがはじけた結果、完成した建物が売れなくなったり、工事が中断したりするケースが相次ぎました。こうしたビルは「バブルの塔」と揶揄されました。

神に与えられた「約束の地」

やがてアブラハムが登場します。アブラハムは、当初はアブラムという名前でしたが、後に神からアブラハムと名乗るように指示されます。アブラハムの妻はサライといったのですが、こちらも後にサラと改名します。

神は、こう語りかけます。

「これがあなたと結ぶわたしの契約である。あなたは多くの国民の父となる。あなたは、もはやアブラムではなく、アブラハムと名乗りなさい。あなたを多くの国民の父とするからである。わたしは、あなたをますます繁栄させ、諸国民の父とする。王となる者た

ちがあなたから出るであろう。

わたしは、あなたとの間に、また後に続く子孫との間に契約を立て、それを永遠の契約とする。そして、あなたとあなたの子孫の神となる。わたしは、あなたが滞在しているこのカナンのすべての土地を、あなたとその子孫に、永久の所有地として与える。わたしは彼らの神となる。」

こうしてカナンと呼ばれる土地は「約束の地」と呼ばれるようになります。ユダヤ人たちは、自分たちの神から与えられた土地に住む権利があると主張するようになります。それが、現在のパレスチナであり、イスラエルです。

第二次世界大戦後、イスラエルが建国されたことで、その地に住んでいたパレスチナ人は土地を追われますが、ユダヤ教原理主義者たちは、パレスチナ人たちが住んでいた場所も、神から与えられた土地だと主張します。

現在はヨルダン川西岸地区のパレスチナ自治区にあるヘブロンにはアブラハムとサラの墓があります。ここに住み着いたユダヤ人に話を聞いたことがあります。そこがパレ

スチナ自治区であるにもかかわらず、彼は「ここは我々が神から与えられた約束の地だ」と主張し、パレスチナ人に渡すことには断固として反対していました。『聖書』の記述が生きているのです。

アブラハムには当初子どもがいなかったことから、妻のサラは、女奴隷を側女として子どもをもうけるように勧めます。当時の社会が男児をもうけるためにどのようなことが行われていたかがわかります。

アブラハムは妻の勧めに従い、女奴隷のハガルと結ばれ、イシュマエルが生まれます。このイシュマエルの子孫の系統がアラブ人になったとされています。

一方、イシュマエルが生まれた後、今度はサラも妊娠し、イサクが生まれます。イサクが、ユダヤ人の先祖だとされます。イサクの子のうちのひとりはヤコブで、ヤコブはやがて神から「イスラエル」と名付けられます。現在のイスラエルという国名は、ここから来ています。

つまり、ユダヤ人もアラブ人もアブラハムが共通の先祖なのです。

ちなみに千葉県に成田空港を建設する国の計画に反対して結成された「三里塚芝山連合空港反対同盟」の委員長だった戸村一作氏（故人）の父も熱心なクリスチャンで、一作という名前は、イサクから来ています。

神、アブラハムを試す

この時代の神は、人間たちにさまざまな試練を与えます。年老いてからようやくサラとの間に授かったイサクをアブラハムは溺愛しますが、神はアブラハムの忠誠心を試します。イサクを神に捧げよと命じるのです。

敬けんなアブラハムは、この命令に従います。神が指定した山にイサクと共に登り、イサクを縛って刃物で刺し殺そうとするのです。我が子殺しを命じる。神は残酷なことを命じるものです。ところが、刃物を振り下ろそうとする瞬間、「天から主の御使い」（つまり天使）が「その子に手を下すな」と命じます。アブラハムの信仰心を試しただけだというのです。

するとアブラハムは近くの木の茂みに角をとられていた雄羊を見つけ、これを我が子の代わりに神に捧げます。これが、「犠牲の羊」（スケープゴート）という言葉の由来です。

神はアブラハムの忠誠心に感心し、天使は以下のような神の言葉を伝えます。


「わたしは自らにかけて誓う、と主は言われる。あなたがこの事を行い、自分の独り子である息子すら惜しまなかったので、あなたを豊かに祝福し、あなたの子孫を天の星のように、海辺の砂のように増やそう。あなたの子孫は敵の城門を勝ち取る。地上の諸国

民はすべて、あなたの子孫によって祝福を得る。あなたがわたしの声に聞き従ったからである。」

こうしてアブラハムの子孫は神の約束によって祝福され、繁栄していくということになります。アブラハムはアラビア語では「イスマイール」となります。アラブ諸国には、こういう名前の人が多いのです。もちろんキリスト教社会でも。アメリカのリンカーン大統領のファーストネームは「エイブラハム」、つまり「アブラハム」です。

「ソドム」と「ゴモラ」が滅ぼされる

アブラハムの物語の中に「ソドム」と「ゴモラ」という二つの町が神によって滅ぼされる話が出てきます。

二つの町は神の言いつけを守ろうとしない者たちばかりで乱れに乱れていたので、怒った神は「硫黄の火」を降らせ、住民たちも草木も滅ぼしたと書かれています。

この二つの町は、何が乱れていたのか。後世の人々は、男色つまり同性愛にふけっていたからだと解釈します。ここから男色は英語で「ソドミー」と呼ばれます。語源は「ソドム」です。

この記述を根拠に、「同性愛は神が禁じた行為だ」と主張するキリスト教徒は多く、欧米で同性婚を認める動きが広がると、激しく反発したのです。

ちなみに、「硫黄の火」とは、宇宙から飛来した隕石が大気中で爆発したことによって起きたのではないかという研究論文が二〇二一年九月に発表されています。

それによると、中東ヨルダンの死海の北東に位置する古代都市トール・エル・ハマムの上空で約三六〇〇年前、直径約五〇メートルの隕石が爆発し、人々と家を焼き尽くしたことがわかったというのです。研究者たちは、これが『旧約聖書』の「ソドム」と「ゴモラ」の記述につながったのではないかと推測しています。

これが事実なら、同性愛とは無関係なのですが。

モーセに「十戒」が与えられる

「創世記」に続くのが「出エジプト記」です。アブラハムの子孫のイスラエル一家は、ナイル川下流のエジプトに移住します。土地が豊かで食料が豊富だったからです。

そして月日が経ち、イスラエルの一族が増えてくると、エジプトの新しい王朝のファラオ（王）は、イスラエル人によって自国が乗っ取られるのではないかと恐怖を覚え、弾圧を始め、一族を奴隷にしてしまいます。

そこに登場したのがモーセです。一般に「モーゼ」と呼ばれますが、今回テキストにした『聖書』では、「モーセ」と記述されています。

神はモーセに対し、人々を率いてエジプトを出て、約束の地であるカナンに行くように命じます。そこは「乳と蜜の流れる地」だというのです。要は砂漠の中でも、そこだけは豊かな土地だという意味です。

こうしてモーセとモーセに率いられたイスラエルの人々の苦難の道のりが始まります。これが「出エジプト」です。

このときモーセは神に対し、名前を尋ねます。すると、神は「**わたしはある。わたしはあるという者だ**」と名乗ります。

「あるという者」、これがヘブライ語で「ヤハウェ」です。イスラエルの人々の神は「ヤハウェ」なのです。これは、キリスト教でも同じこと。英語にすればゴッドです。

イスラエルの人々はエジプトに四三〇年にわたって住み、その間に壮年男子だけでも六〇万人に増えていました。彼らが妻子を連れ、家畜を伴ってエジプトを出て、約束の地に向かうのです。

これに怒ったファラオは自らの軍勢に追跡させるのですが、神はモーセの一行を助けます。紅海の海岸までたどり着いたモーセの一行に対し、神は海を二つに分けて乾いた通り道を作り出します。一行が通った後、ファラオの軍勢も後を追いますが、海は再び元に戻り、軍勢は海中に没し、全滅してしまいます。

このエピソードは、ハリウッド映画「十戒」での有名なシーンとなっています。

この後もモーセに率いられた人々は、なんと四〇年間もシナイ半島を放浪したというのです。この過程で、モーセはシナイ山で神から「十戒」を授かります。人間たちが守るべき戒めです。これを「律法」といいます。一〇の戒めは、次のものです。

1　あなたには、わたしをおいてほかに神があってはならない。
2　あなたはいかなる像も造ってはならない。
3　あなたの神、主の名をみだりに唱えてはならない。
4　安息日を心に留め、これを聖別せよ。
5　あなたの父母を敬え。
6　殺してはならない。
7　姦淫してはならない。
8　盗んではならない。
9　隣人に関して偽証してはならない。
10　隣人の家を欲してはならない。

このうち4の安息日に関しては、次のように念を押しています。

六日の間働いて、何であれあなたの仕事をし、七日目は、あなたの神、主の安息日であるから、いかなる仕事もしてはならない。あなたも、息子も、娘も、男女の奴隷も、家畜も、あなたの町の門の中に寄留する人々も同様である。六日の間に主は天と地と海とそこにあるすべてのものを造り、七日目に休まれたから、主は安息日を祝福して聖別されたのである。

現代のイスラエルでは、この規定が厳密に守られています。安息日（シャバット）は金曜の日没から土曜の日没までです。この後、「安息日には、あなたたちの住まいのどこででも火をたいてはならない」と記されているので、火を使うことはできませんし、現代では電気もつけたり消したりしてはいけないという解釈になっています。たとえば自動車に乗ると、ガソリンに火がつきますからダメ。自動車は運転できないのです。電気をつけることもできません。このため金曜の日没になると自動的に電気がつくようにタイマーをかけておきます。

驚くのはエレベーターです。行きたい階のボタンを押すと電気が流れますから、ボタンを押すわけにはいきません。そこで金曜の日没からは自動運転になります。たとえば九階建てのマンションの八階に住んでいて、一階から八階に行きたいとします。自動運転のエレベーターが一階に降りて来てドアが開くのを待ち、乗り込みます。そのまま待てば、エレベーターは一気に九階に上がってドアが開き、次に八階に降りて来てドアが開いたところで降りればいい、というわけです。

これをシャバット・エレベーターといいます。中には一階から二階、三階と順番にドアを開きながら上がっていくタイプのエレベーターもあります。私は安息日にイスラエルに滞在したことがあり、両方のタイプに乗ったことがあります。

十戒を与えられた後も、『聖書』では、守るべきルールが事細かく記述されています。盗みや殺人など現代の刑法に当たる規定が示されています。まさにユダヤ教徒が守るべき「律法」なのです。

細かい性規定と食物規定

「創世記」、「出エジプト記」に続いて、「レビ記」、「民数記」、「申命記」、「ヨシュア記」などと続いていきます。これらは古代のイスラエル国家がどのように建設され、王たちが誕生したかという物語です。同時にお祈りの仕方や性に関する規定、食べられるものと食べてはいけないものの明記など細かい食物規定が出てきます。多くの敬けんなユダヤ教徒たちは、この規定を現代でも守っているのです。

「レビ記」には性関係についての規定もあり、その中には、以下のような表現もあります。

女と寝るように男と寝る者は、両者共にいとうべきことをしたのであり、必ず死刑に処せられる。彼らの行為は死罪に当たる。

これが同性愛の禁止です。逆に言えば、当時も、こうした人たちがいたからこそ禁止されたのでしょうが。
「申命記」には、こうあります。

男が人妻と寝ているところを見つけられたならば、女と寝た男もその女も共に殺して、イスラエルの中から悪を取り除かねばならない。

不倫は死罪なのです。
また、食事に関する規定は「レビ記」と「申命記」にあります。どちらもほぼ同じ内容なので、「申命記」を紹介しましょう。

食べてよい動物は次のとおりである。牛、羊、山羊、雄鹿、かもしか、子鹿、野山羊、羚羊、大かもしか、ガゼル。その他ひづめが分かれ、完全に二つに割れており、しかも反すうする動物は食べることができる。ただし、反すうするだけか、あるいは、ひづめが分かれただけの動物は食べてはならない。らくだ、野兎、岩狸。これらは反すうする

が、ひづめが分かれていないから汚れたものである。いのしし。これはひづめが分かれているが、反すうしないから汚れたものである。これらの動物の肉を食べてはならない。死骸に触れてはならない。

水中の魚類のうち、ひれ、うろこのあるものはすべて食べてよい。しかしひれやうろこのないものは、一切食べてはならない。それは汚れたものである。

また、理由はわからないのですが、次の規定もあります。

あなたは子山羊をその母の乳で煮てはならない。

これは現代では乳製品一般に拡大され、牛肉と乳製品を一緒に食べてはいけないことになっています。以前、イスラエルのレストランでステーキを食べた後、ついうっかりデザートにアイスクリームを頼んだところ、「ここはイスラエルだ。ステーキの後にアイスクリームは出せない」と言われてしまいました。

また、うろこのある魚は食べていいのですが、イカやタコは食べられないのですね。それにしても、随分と細かい規定です。豚は反すうしないので、食べてはいけないのです。合理的な根拠は示されていませんが、信者にとっては根拠はどうでもいいのです。神が命じていることに従うだけですから。

イスラム教徒が豚肉を食べてはいけないことはよく知られていますが、ユダヤ教徒も豚肉は食べないのです。

ところが、キリスト教徒は豚肉を食べます。キリスト教徒は、『旧約聖書』のこの規定は受け継いでいないのです。それは『新約聖書』の中の「使徒言行録」が根拠となっています。

イエスが十字架にかけられて殺害された後、イエスの一番弟子だったペトロの次の言葉が紹介されているからです。

わたしがヤッファの町にいて祈っていると、我を忘れたようになって幻を見ました。大きな布のような入れ物が、四隅でつるされて、天からわたしのところまで下りて来た

のです。**その中をよく見ると、地上の獣、野獣、這うもの、空の鳥などが入っていました。そして、『ペトロよ、身を起こし、屠って食べなさい』と言う声を聞きましたが、わたしは言いました。『主よ、とんでもないことです。清くない物、汚れた物は口にしたことがありません。』すると、『神が清めた物を、清くないなどと、あなたは言ってはならない』と、再び天から声が返って来ました。**

つまり『旧約聖書』で食べてはいけないとされた物でも、この描写によって、キリスト教徒は食べることが許されるようになったと解釈されているのです。

「申命記」の最後でヨルダン川東岸から「約束の地」であるカナンを遠く望んだモーセは、そこで息子ヨシュアを後継者に指名した後、カナンに行くことができないまま亡くなります。

アブラハムの墓は知られていますが、モーセに関しては、「**今日に至るまで、だれも彼が葬られた場所を知らない**」といいます。ただ、モーセが死ぬ前にカナンの地を遠くに見たという山に、私は登ったことがあります。山の周囲は砂漠が広がっていましたが、遠くカナンの地つまりエルサレムのあたりだけは、緑が豊かでした。ここが「乳と蜜の流れる地」と呼ばれたわけがわかった気がしました。

ダビデとゴリアテ

欧米の経済ニュースなどで、巨大企業に立ち向かう中小企業のことを「ダビデとゴリアテ」などと評されることがあります。これも『旧約聖書』の記述がもとです。

イスラエルが領土を広げる過程で強敵となったのがペリシテ人でした。ペリシテ人たちは、大軍団での戦いではなく、それぞれの代表による一対一の戦いを提案してきます。負けた側は、相手の奴隷になるという条件です。

ここでペリシテ人代表として登場したのがゴリアテ。身長が三メートル近くあった大男だといいます。

これにはイスラエルの人々が恐れをなすのですが、羊飼いのダビデが戦う相手として名乗りを上げます。

大男のゴリアテと小さな男の子のダビデ。勝敗は明らかと見えたのですが、ダビデが投げた石がゴリアテの眉間にめり込み、ゴリアテは倒されます。かくしてイスラエルに勝利がもたらされます。

この逸話は、現代人をも元気づけます。相手が巨大企業であろうと、戦い次第で勝利のチャンスはあるという教訓になります。

ちなみに欧米でデイビッドという男子の名前は、ダビデが由来です。

ソロモンは「賢い」の象徴

カナンの地にやってきた人々は、北部にイスラエル、南部にユダという国家を建設していましたが、これを英雄ダビデが統一。首都を、双方の国の中間地点のエルサレムに置きます。そして、ここに荘厳な神殿を建設することになったのです。

このダビデの子がソロモンです。ソロモンが信心深いことを喜んだ神は、ソロモンが望むものを何でも与えようと持ちかけます。これに対するソロモンの答えが、神を喜ばせます（「列王記」より）。

「（中略）わが神、主よ、あなたは父ダビデに代わる王として、この僕をお立てになりました。しかし、わたしは取るに足らない若者で、どのようにふるまうべきかを知りません。僕はあなたのお選びになった民の中にいますが、その民は多く、数えることも調べることもできないほどです。どうか、あなたの民を正しく裁き、善と悪を判断することができるように、この僕に聞き分ける心をお与えください。そうでなければ、この数多いあなたの民を裁くことが、誰にできましょう。」

主はソロモンのこの願いをお喜びになった。神はこう言われた。「あなたは自分のために長寿を求めず、富を求めず、また敵の命も求めることなく、訴えを正しく聞き分ける知恵を求めた。見よ、わたしはあなたの言葉に従って、今あなたに知恵に満ちた賢明な心を与える。あなたの先にも後にもあなたに並ぶ者はいない。わたしはまた、あなたの求めなかったもの、富と栄光も与える。生涯にわたってあなたと肩を並べうる王は一人もいない。」

人間は謙虚でなければいけませんね。謙虚である知恵を持っていれば、富と栄光はついてくるのです。

このように神を喜ばす知恵を持っていたことから、ソロモンは賢さの象徴なのです。

本書の冒頭で私が紹介した次の言葉は、ここから来ています。

「ソロモンより賢く、サムソンより強く、ヨブより忍耐強い」

サムソンは怪力を持った人物として『聖書』に描かれています。

また、ヨブは、信仰心が篤かったにもかかわらず、神が信仰心を試すために、あらゆる苦難をもたらします。それでもヨブは神を信じたため、最終的には神によって祝福される人物です。

イスラエルの王国は、ソロモン王の時代に最盛期を迎え、立派な神殿を中心に栄えますが、そのソロモンもまた、やがて神の教えを守らなくなったことで、ソロモンの死後、南北に分裂してしまいます。

このうち北部のイスラエルはアッシリアに滅ぼされ、南部のユダ王国はバビロニアに滅ぼされます。神殿は破壊され、多数の人々がバビロニアに連れ去られます。これが「バビロン捕囚」です。

その後、バビロニアがペルシャに滅ぼされたことで、人々は、かつての王国があった場所に帰還し、破壊された神殿を再建します。これが「第二神殿」です。

ユダヤ人にとっての『聖書』は、天地創造から始まり、人間がどのように生まれたのか、神が人間にどのような戒律を与えたのかを示しています。これが「律法」です。その後、そのもとでユダヤの王国がどのように建設されていったかを記す歴史書となっています。

ユダヤ人にとっては、自分たちだけが神から認められた存在です。しかし、神の命令を守らないと神の怒りを買うこともある。律法を守ることこそが大切だと考えるようになるのです。

そのユダヤの王国に、やがてイエスという人物が生まれ、ユダヤ教の改革を始めることになります。

第3章

『新約聖書』を読んでみよう

イエスはキリスト教徒ではない

キリスト教のイエス・キリストとは姓名ではありません。キリストとはイエスの時代の言語「アラム語」の「メシア」（救世主）のギリシャ語訳です。『旧約聖書』はもともとヘブライ語ないしアラム語で書かれたものが、後にギリシャ語に翻訳されましたが、『新約聖書』は最初からギリシャ語で書かれています。イエス・キリストとは「救世主イエス」という意味になります。

イエスは、当時のパレスチナ地方によくある男性の名前です。当時のパレスチナ地方の人々の宗教はユダヤ教ですから、イエスもユダヤ教徒でした。

ところが、イエスが処刑され、その後に復活して弟子たちの前に現れ、やがて昇天したという話がユダヤ人たちの間に広がるにつれ、ユダヤ教の救世主信仰にもとづき、「イエスこそが救世主（キリスト）ではないか」と考えるユダヤ人が増えていきます。彼らが「キリスト教徒」と呼ばれるようになったのです。

つまり、当初はユダヤ教の一分派だったものが、信者が増大することで、キリスト教に発展していったのです。

『新約聖書』はイエスが書いたものではない

イエスは文書を残していませんでした。口頭で布教をしていたからです。これはイスラム教でも仏教でも同じことです。イスラム教のムハンマドは、「神から伝えられた言葉」を信者に伝えましたが、本人は読み書きできず、経典は残していません。ムハンマドが亡くなった後、信者たちが「神の言葉」をまとめて『コーラン』（クルアーン）を完成させました。

ブッダも悟りを開いた後、信者たちに教えを説いて回りましたが、経典は残していません。ブッダが涅槃《ねはん》に入った後（死去した後）、信者たちが、ブッダが説いた言葉を経典としてまとめたのです。

イエスが十字架にかけられて殺害された後、紀元一世紀から二世紀にかけて、信者たちによって書かれた文書のうち、後世に「正典」として認められたものだけをまとめたのが『新約聖書』です。内容は、イエスの言行録です。イエスがどのようにして誕生し、どのような布教をし、どのように十字架にかけられ、どのように復活したのかが、後世になってまとめられたものです。

そもそも最初から筋道立てて作成しようとして書かれたものではありません。著者や成立時期もバラバラでした。信者たちの間で聖典として扱われていたもののうち、キリスト教を国教に定めたローマ帝国の時代、どこまでを「正典」として認めるか議論が続きました。その結果、紀元三九七年に開かれた「カルタゴ教会会議」で、一応まとめられたものが『新約聖書』です。「一応まとめられた」と書いたのは、一部の文書を含めるかどうかが未確定だったからです。

「福音」とは「良い知らせ」

『新約聖書』の冒頭には四つの「福音書」が掲載されています。「福音」とは「良い知らせ」という意味です。ちなみに人気アニメの「新世紀エヴァンゲリオン」は、「福音」

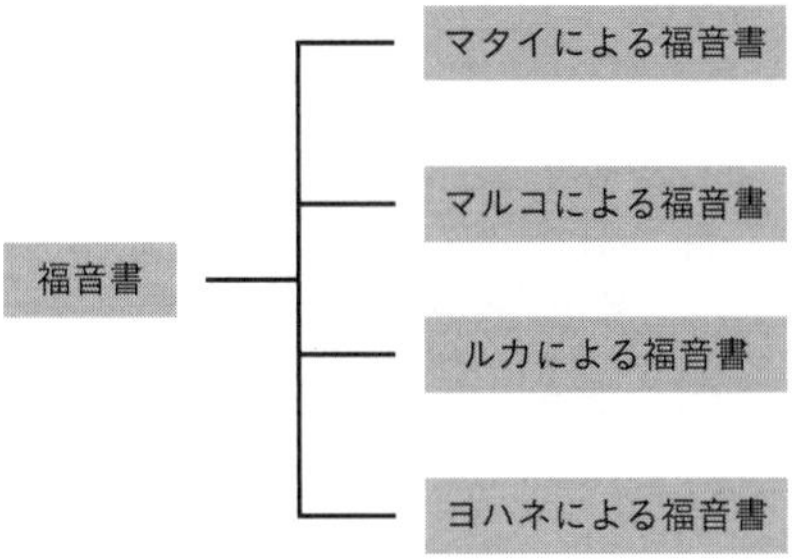

のドイツ語読みです。

要は、イエスが神から遣わされ、人間たちの原罪を背負って昇天し、やがて人間たちを救済するために降臨するという「良い知らせ」を伝える、という趣旨なのです。

四つの「福音書」のうちの「マタイによる福音書」は、イエスの使徒（弟子）で税吏（要は税務署職員）だったマタイによって書かれたものとされています。「マルコによる福音書」は、キリスト教に回心したパウロの弟子だったマルコが著者だとされています。

さらに「ルカによる福音書」は、パウ

ロの弟子で医師だったルカの著とされています。ルカが医師だったことから、ルカの名を冠した病院がキリスト社会には多く存在します。東京にある聖路加国際病院も、そのひとつです。聖路加を「せいろか」と間違って読む人がいますが、これは「せいるか」と読みます。キリスト教を基盤にして設立されたことがわかります。

ちなみに映画「スター・ウォーズ」に登場するルークはルカが由来です。

「ヨハネによる福音書」は、イエスの弟子の子どものヨハネが著者とされています。

これらの「福音書」は、最初、西暦六五年頃に「マルコによる福音書」が書かれ、その後、「マルコによる福音書」を参考にして「マタイによる福音書」と「ルカによる福音書」が書かれ、最後に「ヨハネによる福音書」が成立したという説が一般的です。

ただし、掲載は「マタイによる福音書」、「マルコによる福音書」、「ルカによる福音書」、「ヨハネによる福音書」の順になっています。

では、「マタイによる福音書」を軸に据えて読んでみましょう。これが最初に掲載されている福音書だからです。途中で適宜、別の福音書の記述も参考にします。

イエス誕生のいきさつ

「マタイによる福音書」の冒頭は、「アブラハムの子ダビデの子、イエス・キリストの系図」という文章から始まっています。つまり『旧約聖書』に描かれているアブラハムの子であり、イスラエルの王国を築いたダビデの子の系譜に属するのがイエスであるという主張です。文章は、「アブラハムはイサクをもうけ、イサクはヤコブを、ヤコブはユダとその兄弟たちを……」と延々と系図が続きます。

それだけイエスには正統性があるという主張なのですが、その系図の最後は、「ヤコブ（最初のヤコブとは別人）はマリアの夫ヨセフをもうけた。このマリアからメシアと呼ばれるイエスがお生まれになった」と書いてあります。これを読むと、ちょっと待てよ、と言いたくなりますね。そもそもイエスは聖霊によってマリアに宿ったことになっているのであって、ヨセフの子ではないからです。

せっかく長々と記述した系図は意味がなくなってしまうのですが、ここはイエスが由緒正しい家系にあると言いたいのでしょう。

イエスの家系図

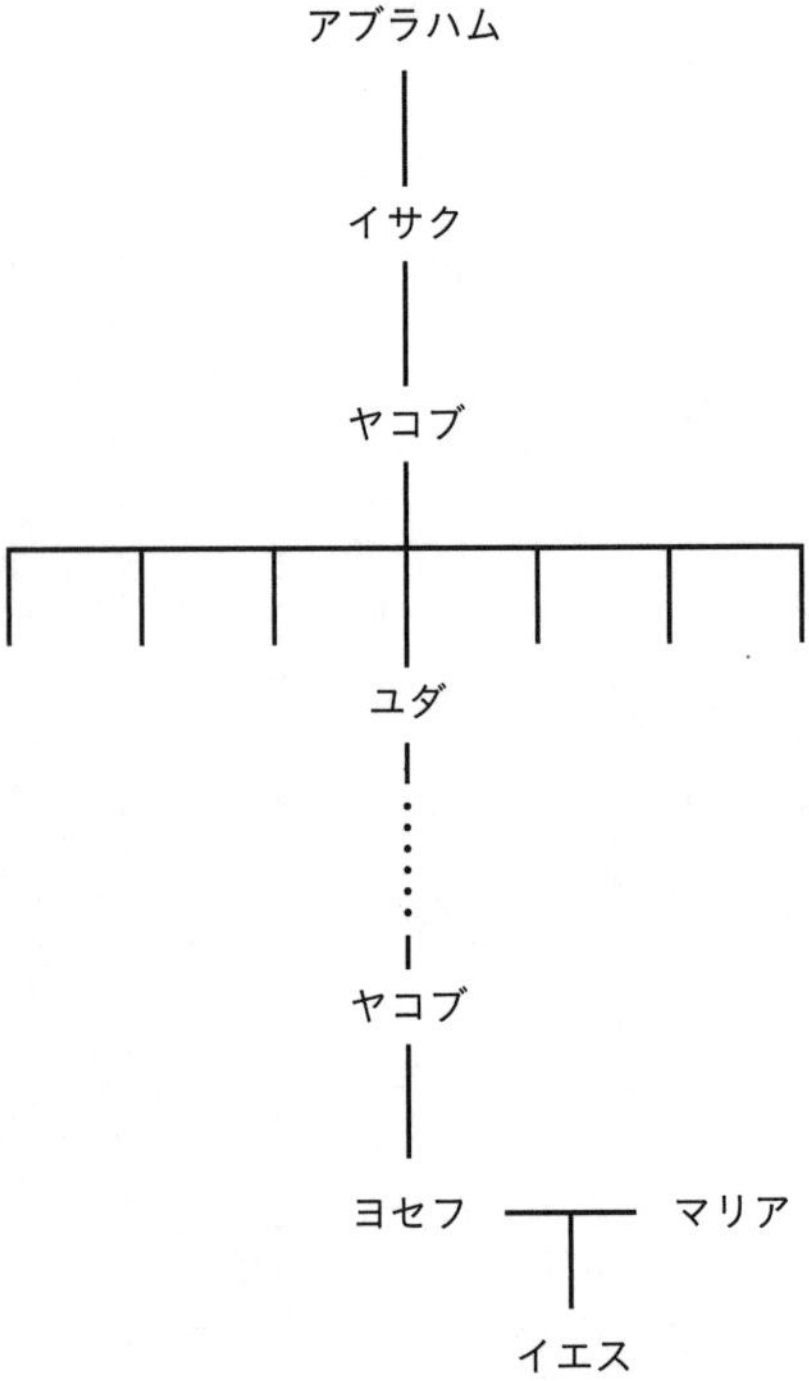
アブラハム
イサク
ヤコブ
ユダ
ヤコブ
ヨセフ
マリア
イエス

では、どのようにしてイエスは誕生したのか。次のように書かれています。

イエス・キリストの誕生の次第は次のようであった。母マリアはヨセフと婚約していたが、二人が一緒になる前に、聖霊によって身ごもっていることが明らかになった。夫ヨセフは正しい人であったので、マリアのことを表ざたにするのを望まず、ひそかに縁を切ろうと決心した。このように考えていると、主の天使が夢に現れて言った。「ダビデの子ヨセフ、恐れず妻マリアを迎え入れなさい。マリアの胎の子は聖霊によって宿ったのである。マリアは男の子を産む。その子をイエスと名付けなさい。この子は自分の民を罪から救うからである。」このすべてのことが起こったのは、主が預言者を通して言われていたことが実現するためであった。

「見よ、おとめが身ごもって男の子を産む。

その名はインマヌエルと呼ばれる。」

この名は、「神は我々と共におられる」という意味である。ヨセフは眠りから覚めると、主の天使が命じたとおり、妻を迎え入れ、男の子が生まれるまでマリアと関係すること

はなかった。そして、その子をイエスと名付けた。

婚約したけれど、まだ結婚していなかった相手のマリアが妊娠した。ヨセフの不信感と苦悩は、どれほどのものであったか。マリアが自分を裏切ったと思ったからです。これは当時としては（いまでもそうですが）、大変なスキャンダルです。でもヨセフは騒ぐことをせず、ひそかに婚約を解消しようとしたのですね。

ところが、夢の中に天使が現れ、「聖霊によって宿った」と伝えます。ヨセフは、天使の命令に従うのです。

ここで「インマヌエルと呼ばれる」とは、どういう意味か。これは『旧約聖書』の「イザヤ書」の内容を受けています。

わたしの主が御自ら
あなたたちにしるしを与えられる。
見よ、おとめが身ごもって、男の子を産み

その名をインマヌエルと呼ぶ。

つまり、『旧約聖書』で預言されていた通りにイエスが生まれたという位置づけになっているのです。

ちなみに「イザヤ書」での「おとめ」とは、処女ではなく単に「若い女性」という意味で、「マタイによる福音書」が、「処女」と解釈したというのです（廣石望『新約聖書のイエス　福音書を読む　上』）。

こうなると「処女懐胎」ではないかも知れないではないかという突っ込みが可能になりますが、結婚していない女性が懐胎したことは確かだということです。

一方、「マルコによる福音書」や「ヨハネによる福音書」では、イエスは成人した以降の記述で、生誕については触れていません。

では、「ルカによる福音書」では、どうか。こちらは、天使はヨセフの夢の中ではなく、マリアの前に現れるのです。

天使ガブリエルは、ナザレというガリラヤの町に神から遣わされた。ダビデ家のヨセフという人のいいなずけであるおとめのところに遣わされたのである。そのおとめの名はマリアといった。天使は、彼女のところに来て言った。「おめでとう、恵まれた方。主があなたと共におられる。」マリアはこの言葉に戸惑い、いったいこの挨拶は何のことかと考え込んだ。すると、天使は言った。「マリア、恐れることはない。あなたは神から恵みをいただいた。あなたは身ごもって男の子を産むが、その子をイエスと名付けなさい。その子は偉大な人になり、いと高き方の子と言われる。神である主は、彼に父ダビデの王座をくださる。彼は永遠にヤコブの家を治め、その支配は終わることがない。」マリアは天使に言った。「どうして、そのようなことがありえましょうか。わたしは男の人を知りませんのに。」天使は答えた。「聖霊があなたに降り、いと高き方の力があなたを包む。だから、生まれる子は聖なる者、神の子と呼ばれる。

「ルカによる福音書」では、天使ガブリエルがマリアに直接伝えています。このときマリアは「わたしは男の人を知りませんのに」と答えています。つまり処女だったと強調

「受胎告知」レオナルド・ダ・ヴィンチ

しているのです。

天使ガブリエルの告知のエピソードは、「受胎告知」として、キリスト教絵画のモチーフとしてたびたび描かれます。とりわけレオナルド・ダ・ヴィンチの作品が有名です。この絵で天使ガブリエルは、性別不明に描かれています。天使は男性か女性かそれ以外か、『新約聖書』には記述がないからです。

「受胎告知」の絵画が、どれだけ親しまれているか。美術評論家の高階秀爾氏は、こう書いています。

「ヨーロッパを旅したことのある人なら、修道院や教会、あるいは美術館を訪れて、その壁を飾る《受胎告知》に感銘を受けた経験があるに違いない。古い町の場合は、通りを散歩している時に、建物の壁に《受胎告知》の像がつつましく設置されているのを目にすることもある。つまり、《受胎告知》はそれほどまでにヨーロッパの文化に、そして人々の日常生活の中に溶け込んでいるのである。」（『《受胎告知》絵画でみるマリア信仰』）

イエスは「馬小屋」で生まれた？

イエスは馬小屋で生まれた。こんな話を聞いたことはありませんか。「ルカによる福音書」には、マリアが「**初めての子を産み、布にくるんで飼い葉桶に寝かせた**」と書いてあります。これは、どういうことだったのか。

当時このあたりはローマ帝国の支配下にありました。ローマ帝国の皇帝が、ユダヤ人に対し、自分の先祖の町で住民登録をするように命令します。マリアの夫のヨセフはナザレという町で大工をしていましたが、先祖の町ベツレヘムに行かざるを得なくなり、身重のマリアと一緒にベツレヘムに来ていたのです。

しかし、宿は住民登録をするためにやって来た人たちで、どこもいっぱい。仕方なく馬小屋として使われていた洞窟で一夜を過ごしていたときに出産したというわけです。

イエスが生まれたとされるベツレヘムの場所には、現在「聖誕教会」（降誕教会）が建てられています。クリスマスには世界中から巡礼者が訪れ、ユネスコの世界遺産に登録されています。

ただし、ここベツレヘムはパレスチナ自治区の中にあります。聖誕教会の周辺はイスラム教のモスクが建ち、パレスチナ人たちの市場があります。イスラム教徒のパレスチナ人たちに守られる形で聖誕教会が建っているのです。

誕生日は一二月二五日ではない

イエスが生まれた日はクリスマスとして一二月二五日に祝われますが、『新約聖書』の中には誕生日がいつだったか記述はありません。

イエスが生まれたとき、近くで野宿をしながら夜通し羊の番をしていた羊飼いたちの前に天使が現れ、「救い主がお生まれになった」と告げるシーンが「ルカによる福音書」にあります。このため、イエスの聖誕は一二月のはずがないというのが定説です。

「気候上、ベツレヘムでは一二月から一月にかけては雨が多く、羊の放牧はできない。そして羊の出産期にあたる三月から五月にかけて、羊飼いたちは夜中に牧草地に出る習慣があった。つまり夜に外にいた彼らの前に天使が現れたのは、この春の三カ月のあいだだと見ていいのではないだろうか。にもかかわらず、日付の特定の主導権を握るローマの教会は、三三六年に一二月二五日がイエスの降誕日だとした。」（タラ・ムーア著、黒木章人訳『図説 クリスマス全史』）

では、なぜ一二月二五日なのか。

「もともとローマでは、一二月一七日から二三日まで農神サトゥルヌスを祭る収穫祭であるサトゥルナリア祭が催され、人気を博していた。（中略）この長いホリデーシーズンには祝宴とパレード、そして宗教的儀式が執り行われた。（中略）二七四年にはアウレリアヌス帝が冬至の一二月二五日を太陽神ソル・インウィクトゥスの祝日に制定した。

それと同じ日をローマのキリスト教徒たちがキリストの降誕日に選んだ時点で、この日は華やかな祝祭日になることが運命づけられたのだ。」（同書）

当時の冬至がクリスマスになったのですね。冬至は、北半球では一年で一番昼が短い日。これから日が長くなっていく様子が、イエスの生誕や復活をイメージさせていたから、という解釈もあります。

ただし、東方正教会の一部では、クリスマスが一二月二五日と定められたユリウス暦にもとづき、現在のグレゴリオ暦の一月七日を降誕祭にしています。また、アルメニア使徒教会では、独自の教会暦にもとづき一月六日にしています。

このようにイエスの誕生日がはっきりしていないこともあり、現在のクリスマスは「降誕を記念する日」とされています。「イエス・キリストの誕生日」というわけではないのです。

ヘロデ王、二歳以下の男子を皆殺し

イエスの誕生と共に、大変な悲劇が起きました。ローマ帝国に支配されていたユダヤ王国ですが、ここの支配者はヘロデ王。猜疑心が強く、ベツレヘムに将来ユダヤの王となる子が生まれたと聞き、自分の地位が脅かされると恐れます。その子が特定できないため、ベツレヘムとその周辺一帯の二歳以下の男児全員を皆殺しにするように命じます。

すると、ヨセフの夢の中に天使が現れ、妻と子を連れてエジプトに逃げるように告げたのです。

こうしてイエスは無事でしたが、大勢の子どもたちが殺されてしまったのです。やがてヘロデが死ぬと、ヨセフの一家は、再び天使に知らされてナザレの町に戻ってきました。

サタンの誘惑に打ち勝つ

その後のイエスの成長ぶりについて、『新約聖書』は記述していないのですが、サタン（悪魔）の誘惑に打ち勝つシーンが「マタイによる福音書」に出てきます。

イエスは悪魔から誘惑を受けるため、〝霊〟に導かれて荒れ野に行かれた。そして四十日間、昼も夜も断食した後、空腹を覚えられた。すると、誘惑する者が来て、イエスに言った。「神の子なら、これらの石がパンになるように命じたらどうだ。」イエスはお答えになった。

「『人はパンだけで生きるものではない。
神の口から出る一つ一つの言葉で生きる』
と書いてある。」

「誘惑する者」とはサタン（悪魔）のことです。

「人はパンだけで生きるものではない」とは、よく使われる言葉です。文語体では、「人はパンのみにて生くるものにあらず」といいます。この言葉をイエスは引用として使っています。どこから引用したかというと、『旧約聖書』の「申命記」からです。

人はパンだけで生きるのではなく、人は主の口から出るすべての言葉によって生きることをあなたに知らせるためであった。

イエスは、このように折に触れて『旧約聖書』の文章を引用します。敬けんなユダヤ教徒であることがわかると共に、『新約聖書』は『旧約聖書』を受けているのだという構造がわかります。

結局、サタンはイエスを誘惑することができずに立ち去ります。

イエス、人々の病を癒やす

『新約聖書』では、イエスの数々の奇跡も描かれています。まずは「マタイによる福音書」から。

イエスはガリラヤ中を回って、諸会堂で教え、御国の福音を宣べ伝え、また、民衆のありとあらゆる病気や患いをいやされた。そこで、イエスの評判がシリア中に広まった。人々がイエスのところへ、いろいろな病気や苦しみに悩む者、悪霊に取りつかれた者、てんかんの者、中風の者など、あらゆる病人を連れて来たので、これらの人々をいやされた。こうして、ガリラヤ、デカポリス、エルサレム、ユダヤ、ヨルダン川の向こう側から、大勢の群衆が来てイエスに従った。

イエスは医師の役割も果たしていたのですね。こうしてイエスに付き従う者が増えていったことがわかります。

イエス、山上の説教

この後、「山上の垂訓」として知られる話が出てきます。イエスは群衆を前に山に登り、そこから人々にこう語りかけます。

あなたがたは世の光である。山の上にある町は、隠れることができない。また、ともし火をともして升の下に置く者はいない。燭台の上に置く。そうすれば、家の中のものすべてを照らすのである。そのように、あなたがたの光を人々の前に輝かしなさい。人々が、あなたがたの立派な行いを見て、あなたがたの天の父をあがめるようになるためである。

「山の上にある町は、隠れることができない」、つまり模範的な生き方をすることが大事だという教えです。やがて、イギリスから北米大陸に移住する清教徒たちは、この「山上の垂訓」に従います。

「1630年には、英国王チャールズ1世から植民地建設の特許を得た新たな移民の波が、マサチューセッツ湾に到達した。その多くは清教徒であった。英国では清教徒の宗教の行為がますます禁じられるようになっていた。清教徒の指導者ジョン・ウィンスロップは、新世界に『山の上にある町』を築き、そこで宗教的信条に厳しく従った生活をし、すべてのキリスト教徒の模範となるよう、信者を促した。」（アメリカンセンター「米国の歴史の概要」より）

「敵を愛しなさい」

「右の頬を打たれたら、左の頬を出しなさい」

イエスの有名な言葉として知られています。実際には、どのように書かれているのでしょうか。

「あなたがたも聞いているとおり、『目には目を、歯には歯を』と命じられている。し

かし、わたしは言っておく。悪人に手向かってはならない。だれかがあなたの右の頰を打つなら、左の頰をも向けなさい。あなたを訴えて下着を取ろうとする者には、上着をも取らせなさい。（中略）

あなたがたも聞いているとおり、『隣人を愛し、敵を憎め』と命じられている。しかし、わたしは言っておく。敵を愛し、自分を迫害する者のために祈りなさい。あなたがたの天の父の子となるためである。父は悪人にも善人にも太陽を昇らせ、正しい者にも正しくない者にも雨を降らせてくださるからである。

「あなたを訴えて下着を取ろうとする者には、上着をも取らせなさい」という部分は「ルカによる福音書」では、「**上着を奪い取る者には、下着をも拒んではならない**」となっています。上着と下着が逆ですが、趣旨は同じです。

「善きサマリア人」のたとえ

「隣人を愛し」とありますが、「隣人」とは誰のことか。これは「ルカによる福音書」に、「善きサマリア人」のたとえとして出てきます。イエスは、次のように語りかけています。

「ある人がエルサレムからエリコへ下って行く途中、追いはぎに襲われた。追いはぎはその人の服をはぎ取り、殴りつけ、半殺しにしたまま立ち去った。ある祭司がたまたまその道を下って来たが、その人を見ると、道の向こう側を通って行った。同じように、レビ人もその場所にやって来たが、その人を見ると、道の向こう側を通って行った。ところが、旅をしていたあるサマリア人は、そばに来ると、その人を見て憐れに思い、近寄って傷に油とぶどう酒を注ぎ、包帯をして、自分のろばに乗せ、宿屋に連れて行って介抱した。そして、翌日になると、デナリオン銀貨二枚を取り出し、宿屋の主人に渡して言った。『この人を介抱してください。費用がもっとかかったら、帰りがけに払います。』さて、あなたはこの三人の中で、だれが追いはぎに襲われた人の隣人になったと思うか。」

ここまでのことは、なかなかできるものではありません。このエピソードはキリスト教徒には有名なので、映画やメディアでは思いやりのある人のことを「善きサマリア人」と呼ぶことがあります。病院の名前に使われていたりするのです。

祈りの言葉

キリスト教徒が神に祈るときには、どのような言葉になるのか。「ルカによる福音書」にも短く出ていますが、「マタイによる福音書」が長い文章になっていますので、紹介しておきましょう。信者たちが会食などイベントの前に一斉に唱える文章です。

天におられるわたしたちの父よ、
御名が崇められますように。
御国が来ますように。

御心が行われますように、
天におけるように地の上にも。
わたしたちに必要な糧を今日与えてください。
わたしたちの負い目を赦してください、
わたしたちも自分に負い目のある人を
赦しましたように。
わたしたちを誘惑に遭わせず、
悪い者から救ってください。

冒頭の部分を、文語体に訳された『聖書』では、「天にまします我らが父よ……」となっています。こちらの方がリズムがよく、有名なフレーズですが、口語体では前掲のようになるのです。

「求めよ、されば与えられん」

このフレーズも文語体の訳で知られています。口語体では次のようになります。とにかく自分から積極的に動かなければならないと戒めているのです。

求めなさい。そうすれば、与えられる。探しなさい。そうすれば、見つかる。門をたたきなさい。そうすれば、開かれる。だれでも、求める者は受け、探す者は見つけ、門をたたく者には開かれる。あなたがたのだれが、パンを欲しがる自分の子供に、石を与えるだろうか。魚を欲しがるのに、蛇を与えるだろうか。このように、あなたがたは悪い者でありながらも、自分の子供には良い物を与えることを知っている。まして、あなたがたの天の父は、求める者に良い物をくださるにちがいない。だから、人にしてもらいたいと思うことは何でも、あなたがたも人にしなさい。これこそ律法と預言者である。

ぼんやり生きていてはいけない。自分から人生の意味を探りなさい、と言っているのですね。

「狭き門より入れ」

これも有名なフレーズです。そもそも天国に行くのは「狭い門」を通るようなものだという意味なのですが、これは日本で志望校の門に入るための受験勉強のたとえとして使われてしまっています。そもそも『新約聖書』由来なのです。

狭い門から入りなさい。滅びに通じる門は広く、その道も広々として、そこから入る者が多い。しかし、命に通じる門はなんと狭く、その道も細いことか。それを見いだす者は少ない。

『狭き門』はフランスのノーベル文学賞作家アンドレ・ジッド（ジイドとも）の作品の題名にも使われています。三角関係の恋愛小説なのですが、キリスト教信仰が大事な要素になっています。

ジッドは、ほかにも『一粒の麦もし死なずば』という小説も発表しています。これは「ヨハネによる福音書」に出てくる言葉です。書名は文語体に訳されましたが、テキストは口語訳です。

一粒の麦は、地に落ちて死ななければ、一粒のままである。だが、死ねば、多くの実を結ぶ。自分の命を愛する者は、それを失うが、この世で自分の命を憎む人は、それを保って永遠の命に至る。

これはキリスト者に自己犠牲を求める一節ですね。自己犠牲を厭わず、世のため人のために尽くせば、「永遠の命」を得ることができるというのです。この言葉に励まされ、あるいは触発され、途上国の人々のために尽くしたり、恵まれない人のために働いたりするキリスト者は多いのです。これも『聖書』の持つ力でしょう。

数々の奇跡を起こすイエス

『新約聖書』では、各福音書の中にイエスが奇跡を起こす様子が描かれています。重い皮膚病を患っている人を治し、中風の人を治し、盲人の目を見えるようにしたというエピソードが、人々の驚きの様子と共に紹介されています。

あるいは現在のイスラエル北部にあるガリラヤ湖で湖の上を歩いて信者たちを驚かせたり、嵐を鎮めたりしています。

「ヨハネによる福音書」では、ラザロという人物が死んで四日も経っていたのに、イエスによって甦るエピソードも出てきます。イエスは、数々の奇跡を起こし、それによってイエスを信じる人たちが増えていく様子がうかがえます。

また、「マタイによる福音書」では、イエスを慕って大勢の群衆が集まると、その人たち全員が食べられる量の食事をイエスが与えたエピソードが出てきます。

夕暮れになったので、弟子たちがイエスのそばに来て言った。「ここは人里離れた所で、

もう時間もたちました。群衆を解散させてください。そうすれば、自分で村へ食べ物を買いに行くでしょう。」イエスは言われた。「行かせることはない。あなたがたが彼らに食べる物を与えなさい。」弟子たちは言った。「ここにはパン五つと魚二匹しかありません。」イエスは、「それをここに持って来なさい」と言い、群衆には草の上に座るようにお命じになった。そして、五つのパンと二匹の魚を取り、天を仰いで賛美の祈りを唱え、パンを裂いて弟子たちにお渡しになった。弟子たちはそのパンを群衆に与えた。すべての人が食べて満腹した。そして、残ったパンの屑を集めると、十二の籠いっぱいになった。食べた人は、女と子供を別にして、男が五千人ほどであった。

ごくわずかな食料で、多くの人の飢えを癒やす。こうした例は『旧約聖書』の「列王記　下」に出てくる預言者も成し遂げています。ただし、こちらは一〇〇人ですが、一〇〇人でも食べきれなかったと書いてあります。『旧約聖書』に登場する預言者でも可能だったのですから、イエスが成し遂げても不思議ではないのです。

一番弟子のペトロ

イエスには一二人の弟子ができますが、そのうちの漁師のシモンに、「岩」という意味のペトロと名付けます。

わたしはこの岩の上にわたしの教会を建てる。（中略）わたしはあなたに天の国の鍵を授ける。

イエスは弟子のひとりに「岩」と名付け、教会の礎となるように命じたのです。この記述により、イエスの一番弟子がペトロとなります。やがてイエスが十字架にかけられた後、ペトロはローマに布教に赴いて殉教します。以後、ペトロの後継者が信者たちによって選出されていきます。それがローマ教皇です。ローマ教皇のいるサンピエトロ大聖堂とは、「聖ペトロの教会」という意味です。この大聖堂の地下にペトロの墓があるとされています。

ただし、ローマ教皇が「ペトロの後継者」というのはカトリックだけの認識で、東方正教会やプロテスタント各派は認めているわけではありません。

ちなみにロシアにあるサンクトペテルブルクはプーチン大統領の出身地ですが、帝政ロシアの時代、この町の建設を命じたピョートル一世が自分と同名の聖人ペトロの名にちなんで命名しました。ピョートルとはロシア語でペトロのことです。ロシア革命によってソ連が誕生すると、革命の指導者レーニンの名をとって「レニングラード」(レーニンの町)と改名されましたが、ソ連崩壊後、住民投票によって元の名前に戻りました。

「離縁してはいけない」

「マタイによる福音書」には、イエスが離婚を禁じた個所が出てきます。イエスを信じることができないユダヤ教徒の中のファリサイ派という派の人々が、イエスを試そうとして、「何か理由があれば、夫が妻を離縁することは、律法に適っているでしょうか」と問いかけます。それに対するイエスの回答です。

「あなたたちは読んだことがないのか。創造主は初めから人を男と女とにお造りになった。」そして、こうも言われた。「それゆえ、人は父母を離れてその妻と結ばれ、二人は一体となる。だから、二人はもはや別々ではなく、一体である。従って、神が結び合わせてくださったものを、人は離してはならない。」

カトリック教徒が離婚できないというのは、この一節が根拠です。後のイングランドの王ヘンリー八世は、妻の侍女と結婚したいがために、妻と離婚しようとしますが、カトリックでは離婚できず、当時のローマ教皇も認めません。そこで、自ら英国国教会を創設し、そのトップとなり、妻と離婚したのです。

また、カトリック信者が多いフランスでは、離婚が難しいため、多くの男女は事実婚を選びます。事実婚なら「神の前で結婚を誓った」のではないので、離婚できるからです。

フランスでは事実婚の夫婦から生まれた子どもの比率が、正式に結婚している夫婦から生まれた子どもより高いと言われるのは、これが理由なのです。

「真理はあなたたちを自由にする」

東京の国立国会図書館には、「真理がわれらを自由にする」という言葉が掲げられています。

この言葉は、実は「ヨハネによる福音書」が由来なのです。もちろん国の施設は政教分離ですから、聖書の一節が引用されているわけではありません。この言葉が欧米社会で広く言われるようになっていることから、真理を探究することの大切さという意味で使われているのでしょう。国立国会図書館のウェブサイトには、次のように説明されています。

国立国会図書館の使命は、国立国会図書館法に定められています。

使命

「真理がわれらを自由にするという確信に立つて、憲法の誓約する日本の民主化と世界平和とに寄与することを使命として、ここに設立される。」

私たちは、学問の場で真理を追究する。真理を知ってこそ、本当の自由を私たちは得ることができるという意味で使われています。「リベラル・アーツ」という言葉に共通する認識ですね。

またアメリカ・ハーバード大学の校章には『VE RI TAS』というラテン語が刻まれています。これは「真理」という意味で、これも語源は「ヨハネによる福音書」です。「veritas liberabit vos」（真理はあなたたちを自由にする）という有名な句から来ています。では、原文を見ましょう。

イエスは、御自分を信じたユダヤ人たちに言われた。「わたしの言葉にとどまるならば、あなたたちは本当にわたしの弟子である。あなたたちは真理を知り、真理はあなたたちを自由にする。」

要するにイエスを信じることが真理を知ることであり、真理を知る、つまり神を信じることができれば、人間はあらゆる束縛から解放されて、自由になるのだ、という意味なのです。ですから、学問の場での真理の追究という世俗的な営みのことではないのですが、学問の道を進もうとする学徒にとって、励ましの言葉となっているのです。

「金持ちが天国に入るのはむずかしい」

アメリカの金持ちたちが慈善団体を作ったり、莫大な寄付をしていたりするニュースがよく報じられます。アメリカには、さまざまな慈善団体が存在しています。アメリカには国立大学がありません。UCLA（カリフォルニア州立大学ロサンゼルス校）などの州立大学はありますが、ほとんどが私立大学です。ハーバード大学やスタンフォード大学なども、いずれも私立です。これらの私立大学には莫大な寄付が集まり、財政状態は豊かです。それだけ資金が集まるのも、一代で大金持ちになったような人たちが寄付をするためです。そこには「マタイによる福音書」の次のエピソードがあるからです。ある金持ちの青年がイエスに対し、「永遠の命を得るには、どんな善いことをすればよいのでしょうか」と尋ねます。イエスは掟（十戒）を守りなさいと告げます。青年は、「そういうことはみな守ってきました。まだ何か欠けているでしょうか」と再度尋ねると、イエスは、次のように諭します。

「もし完全になりたいのなら、行って持ち物を売り払い、貧しい人々に施しなさい。そうすれば、天に富を積むことになる。それから、わたしに従いなさい。」青年はこの言葉を聞き、悲しみながら立ち去った。たくさんの財産を持っていたからである。
イエスは弟子たちに言われた。「はっきり言っておく。金持ちが天の国に入るのは難しい。重ねて言うが、金持ちが神の国に入るよりも、らくだが針の穴を通る方がまだ易しい。」

金持ちのまま死んだら、天国に行けない。これは衝撃的な記述です。そこで金持ちになった敬けんなキリスト教徒は、死ぬまでに自分の財産を処分してしまおうと考えます。結果、寄付の文化が生まれるのです。聖書の記述が、いかに一国の文化の形成に影響を持っているかがわかります。

「皇帝のものは皇帝に、神のものは神に」

キリスト教圏の国々では「政教分離」になっています。カトリックの最高指導者はローマ教皇です。ローマ教皇はカトリック教徒の精神的な指導者ではありますが、政治的指導者ではありません。政治と宗教の役割が分離されています。その根拠となっているのが、「マタイによる福音書」の次の記述です。

イエスが多数の信者を従え、勢力が拡大していくのを面白く思わなかったユダヤ教徒の一派（ファリサイ派）が、イエスを試そうとします。ローマ皇帝に税金を納めることは律法に適っているかどうかを尋ねるのです。

イエスが「適っている」と答えれば、ローマ帝国に屈服していると批判し、「適っていない」と答えれば、脱税の罪で告発しようというわけです。

するとと、「**イエスは彼らの悪意に気づいて言われた**」というのです。

「**偽善者たち、なぜ、わたしを試そうとするのか。税金に納めるお金を見せなさい。」彼らがデナリオン銀貨を持って来ると、イエスは、「これは、だれの肖像と銘か」と言われた。彼らは、「皇帝のものです」と言った。すると、イエスは言われた。「では、皇帝のものは皇帝に、神のものは神に返しなさい。」彼らはこれを聞いて驚き、イエスをその場に残して立ち去った。**

これが、「皇帝のものは皇帝に、神のものは神に」という有名なフレーズです。イエスは、こう言って罠から逃れたのです。

この一節が根拠になって、「皇帝のものは皇帝に」とは、政治に関しては世俗の政治家に任せ、キリスト教徒は関与しないという考えが定着するのです。

最後の晩餐でユダの裏切りを予告

イエスはユダヤ教の神殿があるエルサレムで人々に教えを続けますが、ユダヤ教の長老たちが神の教えを守っていないと批判するものですから、長老たちが反発。イエスを暗殺する計画が立てられたりします。

こうした中で、「最後の晩餐」として知られるイエスと弟子たちの食事会が催されます。これはユダヤ教徒のお祭りである「過越《すぎこし》の祭り」の一環としての食事です。かつてイスラエルの人々がエジプトで奴隷になっていたとき、神はエジプトの人たちを罰するため、エジプトのすべての「初子《ういご》」を殺害すると予告します。初子とは、夫婦の間に初めて生まれた子どものこと。なんと恐るべき大虐殺です。

しかし神は、イスラエルの人々の初子は助けるので、目印として子羊か山羊の血を戸口に塗っておくように指示します。神は、血が塗られた家は過ぎ越したとされますので（「出エジプト」）、それを祝う祭りです。

この食事会の席で、イエスは弟子に裏切り者が出ると予告するのです。

「最後の晩餐」レオナルド・ダ・ヴィンチ

夕方になると、イエスは十二人と一緒に食事の席に着かれた。一同が食事をしているとき、イエスは言われた。「はっきり言っておくが、あなたがたのうちの一人がわたしを裏切ろうとしている。」弟子たちは非常に心を痛めて、「主よ、まさかわたしのことでは」と代わる代わる言い始めた。

イエスの衝撃的な発言でした。この様子を描いたレオナルド・ダ・ヴィンチの「最後の晩餐」の絵は有名です。イエスの発言に弟子たちが動揺する中で、イエスを裏切るつもりになっていたユダがことのほか驚いている様子が描かれています。
この後、イエスはこう語ります。

一同が食事をしているとき、イエスはパンを取り、賛美の祈りを唱えて、それを裂き、弟子たちに与えながら言われた。「取って食べなさい。これはわたしの体である。」また、杯を取り、感謝の祈りを唱え、彼らに渡して言われた。「皆、この杯から飲みなさい。これは、罪が赦されるように、多くの人のために流されるわたしの血、契約の血である。

この記述により、キリスト教徒にとって、「パンとぶどう酒」は特別な意味を持ちます。パンとぶどう酒（ワイン）での食事は「聖餐《せいさん》」と呼ばれます。キリスト教各派によって儀式に違いがあり、日曜の礼拝のときに信者にパンとぶどう酒が振舞われることもあります。

ここでイエスは「罪が赦されるように」自分の血が流されると予告しています。人間が持つ原罪をイエスが代わりに背負って十字架にかけられたという認識になるのです。

「剣を取る者は皆、剣で滅びる」

最後の晩餐の後、ユダがイエスを裏切り、ユダヤ教の律法学者や大祭司（ユダヤ教の指導者）にイエスを引き渡します。イエスがエルサレムのゲッセマネという場所で弟子たちに語りかけているときでした。

イエスがまだ話しておられると、十二人の一人であるユダがやって来た。祭司長たちや民の長老たちの遣わした大勢の群衆も、剣や棒を持って一緒に来た。イエスを裏切ろうとしていたユダは、「わたしが接吻するのが、その人だ。それを捕まえろ」と、前もって合図を決めていた。ユダはすぐイエスに近寄り、「先生、こんばんは」と言って接吻した。イエスは、「友よ、しようとしていることをするがよい」と言われた。すると人々は進み寄り、イエスに手をかけて捕らえた。そのとき、イエスと一緒にいた者の一人が、手を伸ばして剣を抜き、大祭司の手下に打ちかかって、片方の耳を切り落とした。そこで、イエスは言われた。「剣をさやに納めなさい。剣を取る者は皆、剣で滅びる。（以下略）」

武器に頼る者は武器によって滅びる。イエスの平和主義を示す一節です。

ウクライナ侵攻を命じたロシアのプーチン大統領も、幼児期に洗礼を受けたロシア正教の熱心な信者とされていますが、イエスの教えを守っているわけではないのです。きっとイエスが予言したように、「剣で滅びる」ことになるのでしょう。

イエスはなぜ十字架にかけられたのか

逮捕されたイエスは、ユダヤ教の律法学者たちによる裁判所である最高法院で裁判にかけられます。罪状は、イエスが自身を「神の子」だと自称することで神を冒瀆した、というものでした。これに対し、イエスは弁解も弁明もしませんでした。事前に自身が迫害を受けて死刑にされることがわかっていて、そのことを弟子たちに予言していたからです。

死刑判決を受けたイエスは、当時このあたりを統治していたローマ帝国の総督ピラトに引き渡されます。当時、ユダヤの王国はローマ帝国の属州で、限定的な自治権しかなく、裁判権はあるものの、死刑執行権はローマ帝国から派遣されてきた総督が持っていたからです。

こうしてイエスは十字架にかけられます。十字架にかけられた場所は「ゴルゴタの丘」(しゃれこうべの丘)と呼ばれます。丘の形が人間の頭蓋骨の形に見えたからで、ここが死刑執行の場所になっていました。

それにしても、なぜ十字架かと言えば、当時のローマ帝国の死刑執行が、この形式だったからです。両手両足を十字架に釘で打ち付け、兵士が下から槍で脇腹を刺して殺害するという方法でした。しかし実際には、槍で刺される前に、みな絶命していました。というのも、十字架にかけられると、身体を真っすぐに維持することが次第に困難になり、上半身が下がっていきます。これでは横隔膜を伸縮させることができなくなり、窒息死に至るというのです。実に残酷な刑でした。

一方、イエスを裏切ったユダは、イエスに有罪判決が下ったことを知って後悔し、首を吊って死んだというのです。
ただ、四つの福音書の後に掲載されている「使徒言行録」では、ユダの最期は違っています。もっと悲惨だったというのです。仲間からすれば、裏切り者は許せないのですね。

ユダはわたしたちの仲間の一人であり、同じ任務を割り当てられていました。ところで、このユダは不正を働いて得た報酬で土地を買ったのですが、その地面にまっさかさまに落ちて、体が真ん中から裂け、はらわたがみな出てしまいました。

イエスの死刑執行は過越の祭りの最中でした。慣例により、祭りの最中の死刑執行では、総督は民衆の希望する者をひとり釈放することにしていました。死刑の対象者の中にはバラバ・イエスという男もいて、総督は、集まった群衆に対し、どちらを釈放すべきか問いかけます。実はピラトはイエスが罪に問われることを理解できなかったので、イエスを釈放したかったのです。そのやりとりは、次のようなものでした。

祭司長たちや長老たちは、バラバを釈放して、イエスを死刑に処してもらうようにと群衆を説得した。そこで、総督が、「二人のうち、どちらを釈放してほしいのか」と言うと、人々は、「バラバを」と言った。ピラトが、「では、メシアといわれているイエスの方は、どうしたらよいか」と言うと、皆は、「十字架につけろ」と言った。ピラトは、「いったいどんな悪事を働いたというのか」と言ったが、群衆はますます激しく、「十字架につけろ」と叫び続けた。ピラトは、それ以上言っても無駄なばかりか、かえって騒動が起こりそうなのを見て、水を持って来させ、群衆の前で手を洗って言った。「この人の血について、わたしには責任がない。お前たちの問題だ。」民はこぞって答えた。「その血の責任は、我々と子孫にある。」そこで、ピラトはバラバを釈放し、イエスを鞭打ってから、十字架につけるために引き渡した。

ユダヤ教徒が迫害されることになった理由

　ここでの記述が、後のユダヤ人迫害の根拠となります。ユダヤ人たちは、イエス殺しの子孫だ、というわけです。さらにイエスを殺害した責任は子孫に及ぶと答えているからです。ヨーロッパのキリスト教徒たちは、『新約聖書』にユダヤ人の子孫の責任を追及してよいと書いてあるのだから……という理屈でユダヤ人を差別するようになり、それがやがて大規模なユダヤ人迫害につながっていきます。

　考えてみると、イエスもユダヤ人だったのですが……。

　イエスが息を引き取ると、天変地異が発生します。

　そのとき、神殿の垂れ幕が上から下まで真っ二つに裂け、地震が起こり、岩が裂け、墓が開いて、眠りについていた多くの聖なる者たちの体が生き返った。（中略）一緒にイエスの見張りをしていた人たちは、地震やいろいろの出来事を見て、非常に恐れ、「本当に、この人は神の子だった」と言った。

イエスの復活

亡くなったイエスは近くの墓に葬られますが、祭司長たちは、イエスの弟子たちがイエスの遺体を盗み出して「イエスは復活した」と言い出しかねないと考え、墓を見張ることにします。番兵たちを墓の前に配置したのです。

しかし三日後、イエスに付き従ってきた女性たちが墓の様子を見に行くと、天使が現れ、イエスはすでに復活して、ここにはいないと告げます。

このあたりの描写は福音書によって微妙に異なりますが、いずれもイエスが復活し、以後、弟子たちの前に現れるようになったと記述しています。

この後、イエスは天に上げられるのです。「マルコによる福音書」によると、「**神の右の座に着かれた**」とあります。

イエスの復活の部分で「マタイによる福音書」だけは、イエスが復活したことを知った番兵たちが祭司長や長老に報告に行くと、祭司長は番兵たちに、「**弟子たちが夜中にやって来て、我々の寝ている間に死体を盗んで行った**」と言いつくろうように指示します。その結果、このウソの話は「今日に至るまでユダヤ人の間に広まっている」と書いてあります。

多くのユダヤ人はイエスの復活を信じなかったけれど、復活を信じたユダヤ人がキリスト教徒になっていったことを示しています。

十字架の跡地に建てられた聖墳墓教会

このゴルゴタの丘とはどこで、イエスの墓はどこにあったのか。その後、エルサレムの神殿はローマ帝国によって壊されてしまい、ローマ風の建築物が建てられたことにより、すっかり様相が変わってしまいました。

三二五年頃になって、ローマ帝国の皇帝として初めてキリスト教信者になったコンスタンティヌス一世が、ゴルゴタの丘に教会を建てることを命じますが、丘の場所などは不明でした。

そこで翌年、コンスタンティヌスの母ヘレナがエルサレムを訪れ、ゴルゴタの場所を探します。その結果、磔刑（はりつけ）に使われた十字架の破片を発見したとされ、その場所に教会が建てられました。それが聖墳墓教会です。教会の中のドームの中に小さな聖堂が建ち、これがイエスの墓だった場所とされています。

その後、エルサレムはイスラム教徒の支配下に入って破壊されてしまいますが、東ローマ帝国の皇帝によって再建され、一二世紀半ばに現在の形になったと言われています。現在の聖墳墓教会は、東方正教会（ギリシャ正教）やカトリック教会、コプト正教会など複数の派による共同管理になっています。

それぞれの派がミサなどを行うため、時折儀式の順番をめぐって争いが起き、信者同士が掃除道具などで殴り合い、イスラエルの警察が介入するという情けない事態も起きています。

こうした争いを避けるため、教会の入り口の鍵は近所のイスラム教徒の家が管理し、毎朝、そこの家の子どもが鍵を開けるという奇妙な習慣になっています。キリスト教徒同士の争いを避けるためにイスラム教徒に依頼する。皮肉なことです。

キリスト教を弾圧していたパウロが熱心な信者になる

イエスが十字架にかけられて死んだ後、復活して信者たちの前に現れ、教えを説いた後、天に上ると、それ以降、イエスの弟子たちに聖霊が降り、弟子たちは聖霊に満たされ、ほかの国々の言葉を話せるようになり、イエスの教えを伝えていくようになったといいます。その様子が書かれているのが、四つの福音書に続いて掲載されている「使徒言行録」です。弟子たちは、まるでイエスが行ったような奇跡を次々に起こし、信者を拡大していくのです。

その一方、イエスの弟子たちはユダヤ人たちによって激しい弾圧も受けます。殉教者も出てしまうのです。

しかし、そんなキリスト教徒弾圧の先頭に立っていたユダヤ人が、キリスト教徒に改宗するという劇的なエピソードが「使徒言行録」に出ています。それが「サウロの回心」です。サウロはキリスト教徒に対する弾圧の先頭に立っていたのですが、ある日、思わぬ体験をします「使徒言行録」の一節です。

サウロはなおも主の弟子たちを脅迫し、殺そうと意気込んで、大祭司のところへ行き、ダマスコの諸会堂あての手紙を求めた。それは、この道に従う者を見つけ出したら、男女を問わず縛り上げ、エルサレムに連行するためであった。ところが、サウロが旅をしてダマスコに近づいたとき、突然、天からの光が彼の周りを照らした。サウロは地に倒れ、「サウル、サウル、なぜ、わたしを迫害するのか」と呼びかける声を聞いた。「主よ、あなたはどなたですか」と言うと、答えがあった。「わたしは、あなたが迫害しているイエスである。起きて町に入れ。そうすれば、あなたのなすべきことが知らされる。」同行していた人たちは、声は聞こえても、だれの姿も見えないので、ものも言えず立っていた。サウロは地面から起き上がって、目を開けたが、何も見えなかった。人々は彼の手を引いてダマスコに連れて行った。サウロは三日間、目が見えず、食べも飲みもしなかった。

イエスの弟子たちを迫害していたサウロは、このような目に遭うのですが、イエスは、ダマスコにいる信徒に対し、サウロを助けるように指示します。

ところで、ダマスコにアナニアという弟子がいた。幻の中で主が、「アナニア」と呼びかけると、アナニアは、「主よ、ここにおります」と言った。すると、主は言われた。「立って、『直線通り』と呼ばれる通りへ行き、ユダの家にいるサウロという名の、タルソス出身の者を訪ねよ。今、彼は祈っている。アナニアという人が入って来て自分の上に手を置き、元どおり目が見えるようにしてくれるのを、幻で見たのだ。」

この指示にアナニアは驚きます。サウロの悪名は知れ渡っていたからです。ちなみに、ここで出てくるユダとは、裏切り者のユダとは別人です。当時よくある名前だったのです。

イエスの指示にアナニアは抵抗しますが、イエスは、こう言ったというのです。

「行け。あの者は、異邦人や王たち、またイスラエルの子らにわたしの名を伝えるため

に、わたしが選んだ器である。わたしの名のためにどんなに苦しまなくてはならないかを、わたしは彼に示そう。」そこで、アナニアは出かけて行ってユダの家に入り、サウロの上に手を置いて言った。「兄弟サウル、あなたがここへ来る途中に現れてくださった主イエスは、あなたが元どおり目が見えるようになり、また、聖霊で満たされるようにと、わたしをお遣わしになったのです。」すると、たちまち目からうろこのようなものが落ち、サウロは元どおり見えるようになった。そこで、身を起こして洗礼を受け、食事をして元気を取り戻した。

これが「サウロの回心」と呼ばれる一節です。「回心」とは改宗のこと。保守的なユダヤ教徒だったのが、イエスによる奇跡によって熱心なキリスト教徒になるのです。本書の最初に「目からうろこ」の語源は聖書だと書きましたが、この部分だったのです。

こうしてサウロはキリスト教の布教を始めます。さらにエルサレムに行き、イエスの弟子たちと会って、キリスト教を広めていくことになります。サウロとはユダヤ名で、ギリシャ名がパウロ。そこで、ユダヤ世界から出て布教するようになると、パウロと呼ばれるようになります。

パウロはキリスト教徒を弾圧する立場にいたので、イエスから直接教えを受けた経験はないのですが、熱心に布教を続けるのです。

こうして、教会はユダヤ、ガリラヤ、サマリアの全地方で平和を保ち、主を畏れ、聖霊の慰めを受け、基礎が固まって発展し、信者の数が増えていった。

パウロは各地で布教を続けた結果、弾圧を受けて投獄されたりという苦難を受けます。まさにイエスが言った通り、「わたしの名のためにどんなに苦しまなくてはならないかを、わたしは彼に示そう」ということになったのです。

それでもパウロはめげることなく布教を続け、遂にはローマ帝国の本拠地ローマに到着し、イエスの教えを伝えていくことになりました。しかし、やがてローマ帝国により弾圧され、西暦六〇年頃にローマで処刑されたと考えられています。

パウロがキリスト教の基礎を築いた

四つの福音書の後に「使徒言行録」が続き、イエスの教えがどのようにローマ帝国の中で広がっていったかがわかります。『新約聖書』では、この後に「ローマの信徒への手紙」が掲載されています。これはパウロが書いた手紙です。聖書研究者による研究の結果、この手紙は四つの福音書より前に書かれたものであることがわかっています。

つまり、パウロが「ローマの信徒への手紙」で、キリストの教えを集大成し、これが広がっていった後、福音書が執筆されたのです。

このパウロの手紙によって、キリスト教の骨格ができたとも言われ、専門家の中には「キリスト教とはパウロ教だ」と指摘する人もいるほどです。

そこで、『新約聖書』の紹介の最後に、「ローマの信徒への手紙」の特徴的な部分を紹介しましょう。まずは冒頭部分です。

キリスト・イエスの僕、神の福音のために選び出され、召されて使徒となったパウロ

から、——この福音は、神が既に聖書の中で預言者を通して約束されたもので、御子に関するものです。御子は、肉によればダビデの子孫から生まれ、聖なる霊によれば、死者の中からの復活によって力ある神の子と定められたのです。この方が、わたしたちの主イエス・キリストです。わたしたちはこの方により、その御名を広めてすべての異邦人を信仰による従順へと導くために、恵みを受けて使徒とされました。この異邦人の中に、イエス・キリストのものとなるように召されたあなたがたもいるのです。——神に愛され、召されて聖なる者となったローマの人たち一同へ。わたしたちの父である神と主イエス・キリストからの恵みと平和が、あなたがたにあるように。

ここで出てくる「聖書」とは、『旧約聖書』のことです。すでに『旧約聖書』の中で預言者（神の言葉を聞いた者）を通じて神がイエスの出現を予告していたのだと言っています。

「肉によれば」とは、人間としてはという意味で、イエスはダビデの子孫にあたると説明しています。「聖なる霊によれば」「神の子」と定められたと説明しています。

つまり、イエスとは「神の子」であると、パウロが規定しているのです。これまで見てきた福音書では、イエスは「メシア」（救世主）という呼び方が多かったのですが、パウロが「神の子」と断言したことにより、やがて「神の子」とは、人間なのか、神なのか、という論争が起きることになります。これについては、第四章で取り上げましょう。

『旧約聖書』では、神の恵みを受けられるのはユダヤ人だけということになっていましたが、この手紙では「異邦人」も「神に愛され、召されて聖なる者となった」と記されています。つまり、イエスを信じる者は、ユダヤ人だけでなく、すべての人が救われると断言しているのです。キリスト教が、民族などにかかわらず、世界宗教として発展する道が、こうして開かれたのです。

神はおのおのの行いに従ってお報いになります。すなわち、忍耐強く善を行い、栄光と誉れと不滅のものを求める者には、永遠の命をお与えになり、反抗心にかられ、真理ではなく不義に従う者には、怒りと憤りをお示しになります。（中略）神は人を分け隔

てなさいません。

神はユダヤ人だけの神でしょうか。異邦人の神でもないのですか。そうです。異邦人の神でもあります。実に、神は唯一だからです。

アダムは神の命令に背くという原罪を犯した。アダムの子孫である私たちは、みな原罪を持つ罪人《つみびと》である。しかし、イエスが、その罪を背負って犠牲になってくれた。それゆえ私たちは、イエスを通じて救われるのだ。これが、パウロによってまとめられたキリスト教の骨格になるのです。

支配者に従順であれ

「ローマの信徒への手紙」の中には、支配者に従うべきであるという一節もあります。

人は皆、上に立つ権威に従うべきです。神に由来しない権威はなく、今ある権威はすべて神によって立てられたものだからです。従って、権威に逆らう者は、神の定めに背くことになり、背く者は自分の身に裁きを招くでしょう。

ここでいう「上に立つ権威」とは、地上の権威。当時で言えばローマ帝国の皇帝です。たとえ皇帝がキリスト教徒でなくても、神の御業として政治のトップに立ったのだから、それに従いなさいというのです。

これは、やがてヨーロッパにおいて「王様の権威は神に由来する」という「王権神授説」になりますし、「政教分離」の根拠にもなります。

二〇二二年二月、ロシアのプーチン大統領がウクライナ侵攻を始めますと、ロシア正教のキリル総主教は、これに祝福を与えました。明々白々の侵略行為を祝福（つまり熱烈に支持）したことは、他の東方正教会系の人々に衝撃を与えましたが、キリル総主教は「上に立つ権威」に従ったつもりなのでしょう。

「ヨハネの黙示録」の意味とは

『新約聖書』の最後に「ヨハネの黙示録」が掲載されています。このヨハネとは「ヨハネによる福音書」のヨハネとは別人です。パトモスと呼ばれる島にいたヨハネが見たものを記した形式になっています。

この黙示は、すぐにも起こるはずのことを、神がその僕たちに示すためキリストにお与えになり、そして、キリストがその天使を送って僕ヨハネにお伝えになったものである。

これは「世界の終わり」について取り上げています。七人の天使が次々に持っているラッパを吹くと、「火で燃えている大きな山のようなものが、海に投げ入れられた」等さまざまな災いが起き、地上の多くの人が死んだり、海の生き物が死んだりします。悲惨な出来事が次々に起きますが、やがてキリストが再臨してサタンを閉じ込め、千年にわたって統治します。その統治が終わると、またサタンが牢から解き放たれますが、結局は滅ぼされ、最後の審判が行われ、新しい天と地が出現します。

この中では、「ハルマゲドン」と呼ばれる地で戦いが行われ、神の軍勢が勝利すると記されていることから、「ハルマゲドン」は「世界最終戦争」とも呼ばれます。

一九八一年から八九年までアメリカの大統領を務めたロナルド・レーガンは、このハルマゲドンを信じ、ソ連との核戦争が起きれば、ハルマゲドンになってしまうのではないかと恐れていたとされています。

第4章

世界に広がるキリスト教

ローマ帝国で信者が増大

キリスト教が始まった当初は、ユダヤ教の一分派に見られていましたが、それが世界に広がるきっかけとなったのは、ローマ帝国の国教となったからです。その歴史を見ておきましょう。

イエスが十字架にかけられた当時、ユダヤはローマ帝国の属州でした。この地域を統治する皇帝の名代が派遣されていました。それが総督ピラトです。

イエス亡き後、イエスの弟子たちは、ローマ帝国内での布教を開始します。とりわけローマ帝国の本拠地ローマを目指しました。

一方、ユダヤでは紀元六六年からローマ帝国の支配に反発する人々が反乱を起こし、ローマ帝国と戦争になります。これが「ユダヤ戦争」です。二回にわたった戦争で、ユダヤ教の神殿は破壊され、ユダヤ人たちはエルサレムに立ち入ることを禁止されます。

その結果、ユダヤ人たちはヨーロッパをはじめ世界各地に離散していくことになります。これを「ディアスポラ」(大離散)といいます。各地に散ったユダヤ人たちは「イエスを殺害した者の子孫」として差別・弾圧されることになります。

イエスが誕生する前の古代ローマは、共和制をとっていました。奴隷制が支えとなっていましたが、ローマ市民は自由な活動ができ、民主政治を実現していました。もともとはイタリア半島の都市国家から始まりましたが、紀元前一世紀末には地中海全域を支配するまでになりました。

しかし、紀元前二七年に共和制から帝政に移行します。つまり皇帝が統治する帝国になるのです。イエスが十字架にかけられた頃には、すでに帝国になっていました。帝国も、誰が皇帝になって統治するかによって、発展もすれば衰退もします。二世紀には「五賢帝」と呼ばれる賢い皇帝が五代続き安定した時代が続きました。当時、「すべての道はローマに通じる」と言われました。繁栄したローマは道路を整備し、ヨーロッパ各地に広がりました。当時のローマ帝国は、まさに〝世界〟。ローマを制すれば世界を制する状態だったのです。

その後、ローマ帝国は軍団を率いた軍人皇帝の時代を迎えると、内戦や政治的対立で混乱が続きます。

こんな状態の中で、人々の心を掴んだのがキリスト教でした。ユダヤ教から生まれたキリスト教は、パウロがイエスから指示されたとされるように、ユダヤ人だけを対象とするのではなく、「異邦人」にも布教をします。異邦人つまりローマ帝国内に暮らす人々です。こうして各地にキリスト教徒の共同体が形成されていきます。教会の成立です。

二世紀半ばまでにはキリスト教独自の信仰の形が整います。キリストが復活したとされる日曜日には、毎週信者たちが教会に集まり、聖歌を歌い、神父の説教を聞きます。信者になりたいという希望者には洗礼の儀式が定められました。

一方、混乱が続く帝国内では格差が広がります。社会の底辺に位置することになった人々はキリスト教に救いを求めます。信者たちは互いに助け合って暮らしますが、キリスト教徒以外から見れば、まるで秘密結社のように見られてしまいます。

なぜキリスト教徒が迫害されたのか

その結果、キリスト教徒に対する迫害が始まります。もともとローマ帝国は宗教に寛容で、ローマの神々や神格化された皇帝の像を礼拝さえすれば、他の宗教は容認されていました。

ところがキリスト教徒は偶像崇拝を拒否し、神の前での平等を重んじて皇帝を崇拝することも拒否したため、激しい弾圧を受けるようになります。

有名な迫害は第五代皇帝ネロによる迫害です。ネロは紀元五四年に第四代皇帝の伯父の死去に伴い、わずか一六歳で即位します。当初は哲学者セネカの指導を受けて政治をしていましたが、やがて何かと口を出す母を殺害。さらにはセネカも死に追いやったとされています。

紀元六四年にはローマが大火に見舞われます。この火事は、新しい都市計画を実現するためにネロ自身が放火したという噂が立つと、ネロはキリスト教徒を放火犯に仕立てて、大弾圧を始めます。キリスト教徒を猛獣の餌食にしたり、十字架にかけたり、松明代わりに燃やしたりしたと伝えられています。

このとき、キリスト教の最高指導者として捕らえられたペトロも、逆さまに十字架にかけられて殉教しました。パウロもこのときローマで殉教したとされています。

このような歴代皇帝による迫害を逃れるため、キリスト教徒たちが建設したのが「カタコンベ」（地下墓所）でした。キリスト教では（イスラム教も同じですが）、世界の終わりが来たとき、神の前に引き出されて最後の審判を受けるため、肉体が必要とされます。このためヒンズー教や仏教のような火葬は一般的ではなく、遺体はそのまま埋葬されます。キリスト教徒たちは、目立たないように地下に墓所を作り、ここに集まって祈りを捧げていました。

こうして信者が集まって定期的に礼拝をするようになると、よからぬことを企む「秘密結社」ではないかという疑惑を招き、特に三世紀半ばには厳しく弾圧され、多くの殉教者を出しました。

感染症がキリスト教を広めた

キリスト教がローマ帝国内で広く普及するきっかけとなったのは、感染症でした。五賢帝の時代にも感染症で三〇〇〇万人を超える死者を出しています。その後、マルクス・アウレリウス・アントニヌスの治世（一六五〜一八〇年）に発生した流行で、一〇〇〇万人近い人が死亡したとされます。当時、この感染症はペストと呼ばれ、「アントニヌスのペスト」と呼ばれました。アントニヌス帝自身も、この感染症で死亡したとされます。

当時はペストと呼ばれましたが、症状から見て、実際は天然痘ではなかったかというのが最近の定説です。

原因不明の感染症で、多くの人がバタバタと倒れて死んでいく。当時の人たちが、どれほど恐れたことか。このとき多くの人はキリスト教に救いを求めたのです。

「キリスト教徒が同時代の異教徒に対して持っていたひとつの大きな強みは、悪疫の荒れ狂っている最中であろうとも、病人の看護という仕事が彼らにとって自明の宗教的義務だったことである。通常の奉仕活動がすべて絶たれてしまった場合には、ごく基本的な看護行為でも致死率を大きく引き下げるのに寄与するものである。例えば食べ物と飲み水を与えてやるだけでも、体が衰弱していて自力ではそれを手に入れることができず、空しく死を待つほかなかった病人を、快方に向かわせることが大いにありうるのだ。そして、こうした看護によって一命を取り留めた者は、以後、自分の命を救ってくれた人びとに対する感謝の思いと温かい連帯感を抱き続けるであろう。だから、災厄的な疫病は、ほとんどすべての既存の諸制度が信用を失墜したまさにその時代にあって、キリスト教の教会を強化する結果をもたらした。（中略）

さらに、戦争や疫病あるいはその両方の災厄に痛めつけられながらも不思議に一命を取り留めたわずかばかりの生存者は、亡くなった近親者や友人を思うとき、みんな善きキリスト教徒として死んだのだから必ずや天国に生を享けるに違いないと、その至福の姿を幻に描くことができさえすれば、直接自分の悲しみを癒してくれるほのぼのとした慰めを得たのであった。神の全能性は、災厄の時も繁栄の時とひとしく人生を意義あるものたらしめた。」（ウィリアム・H・マクニール著、佐々木昭夫訳『疫病と世界史』）

世界宗教へと広がる

ローマ帝国で最初にキリスト教を信仰した皇帝はコンスタンティヌス大帝です。三一三年、「ミラノ勅令」によってキリスト教が容認されました。

ちなみに「ミラノ勅令」と呼ばれますが、厳密には、このときミラノで勅令（皇帝の命令）が出されたわけではありません。この年、ミラノでコンスタンティヌス大帝とリキニウス帝が結んだ協定にもとづいて、リキニウス帝が発布した内容を、後世の歴史家が、こう呼んだのです。

この勅令の内容は、キリスト教の迫害を止めてキリスト教を容認する、キリスト教団の存在を認める、キリスト教徒を迫害していた時代に没収した不動産を返還することなどでした。

これは、当時あまりにキリスト教徒が増え、弾圧するよりは容認することで、帝国の統治に役立てようとする意図があったと言われています。

これ以降、キリスト教の信者になる皇帝も出るようになり、キリスト教はすっかり市民権を得ます。日曜日は国家としても休日になりました。

やがて三九二年、テオドシウス帝は、遂にキリスト教を国教と定めます。さらに異なる宗教を禁止するに至ります。それまでの伝統的なローマの神々への信仰や太陽神への信仰は禁止されたのです。ローマ帝国の領域内にあったギリシャでは、ゼウスを主神とする多神教が信じられ、定期的にオリンピック競技が開かれていましたが、これを機に禁止されました。

こうしてキリスト教迫害の時代は終わり、これ以降は、国の手厚い保護を受けるようになります。広大な地を支配したローマ帝国の国教となったことで、キリスト教はヨーロッパ各地に広がり、「世界宗教」へと発展していくことになるのです。

キリスト教の大原則「三位一体」成立

ローマ帝国内でキリスト教が広がる過程で、信者たちの間で議論が起こります。イエスは人間なのか、「神の子」なのか、という問題です。この点で、アリウス派とアタナシウス派の対立がありました。いずれも提唱者の名前です。

アリウス派は、イエスは神によってつくられた人間であり、神ではないと主張しました。神聖ではあるが、神性はないというわけです。

一方、アタナシウス派は、イエスは「神の子」であり、神性を有すると主張します。キリスト教徒がイエスの解釈をめぐって対立したことを憂慮したコンスタンティヌス帝は、キリスト教徒の間での意思統一を図るため、ニケーア公会議を開催します。

公会議とは、各地の教会の指導的立場の人たちが結集する会議です。教会によって解釈の異なることが起きると、ここで意思統一を図るのです。議論が分かれた場合は多数決を取り、多数派の解釈が正しいとされます。

三二五年、現在のトルコに当たるニケーアにキリスト教の指導者たちを集めて教義の統一を図ったのです。これが「ニケーア公会議」です。

その結果、アタナシウス派が勝利し、アリウス派は異端とされます。

しかし、その後も教義論争は続きます。イエスが「神の子」であれば、神の子も神となり、神様が二人いることになってしまうのではないかという問題提起です。

この教義の統一は、三八一年、テオドシウス帝によってコンスタンティノープル公会議で図られます。

それが「三位一体」（トリニティ）という考え方です。ここでは「父と子と聖霊」という概念が用いられます。神も子も聖霊も、それぞれ別のペルソナ（位格）を持つが、神であることにおいてはひとつであるという考え方です。三つの位格は本質においてひとつであるというもので、この考え方を「三位一体」といいます。

これは『旧約聖書』にも『新約聖書』にも記載のない教義ですが、信者たちによる会議で確立したのです。これ以降、三位一体はキリスト教の真髄となる教義として定着しました。

「三位一体」概念図

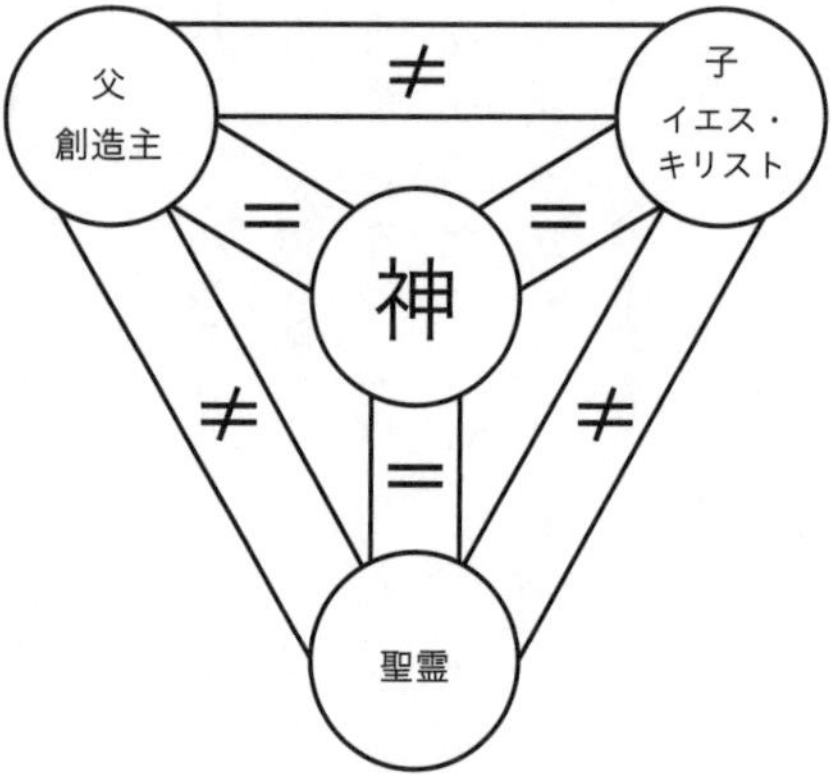

第5章

キリスト教の分裂
——正教会の成立

ローマ帝国と教会の東西分裂

ローマ帝国の国教となって発展したキリスト教ですが、やがてローマ帝国が東西に分裂することで、同じく分裂することになってしまいます。

そのきっかけとなったのは、コンスタンティヌス帝が紀元三三〇年、ローマより東のボスポラス海峡に面した都市ビザンチンを、自らの名前を冠したコンスタンティノープル（コンスタンティノポリス）と改称して新しい都市を建設したことです。これは東方で勢力を増しつつあったペルシャに対抗するためだったと言われ、ここを帝国の中心にしました。それまでローマ帝国の首都はローマでしたから、東方に、いわば「新たなるローマ」を建設したというわけです。

その後、キリスト教を国教としたテオドシウス帝は、コンスタンティノープルを事実上の首都として機能させつつ、紀元三九五年に亡くなる際、二人の息子にローマ帝国を東西に分け与えます。

その結果、ローマ帝国は長男が統治する東ローマ帝国と、次男が統治する西ローマ帝

ローマ帝国と教会の東西分裂

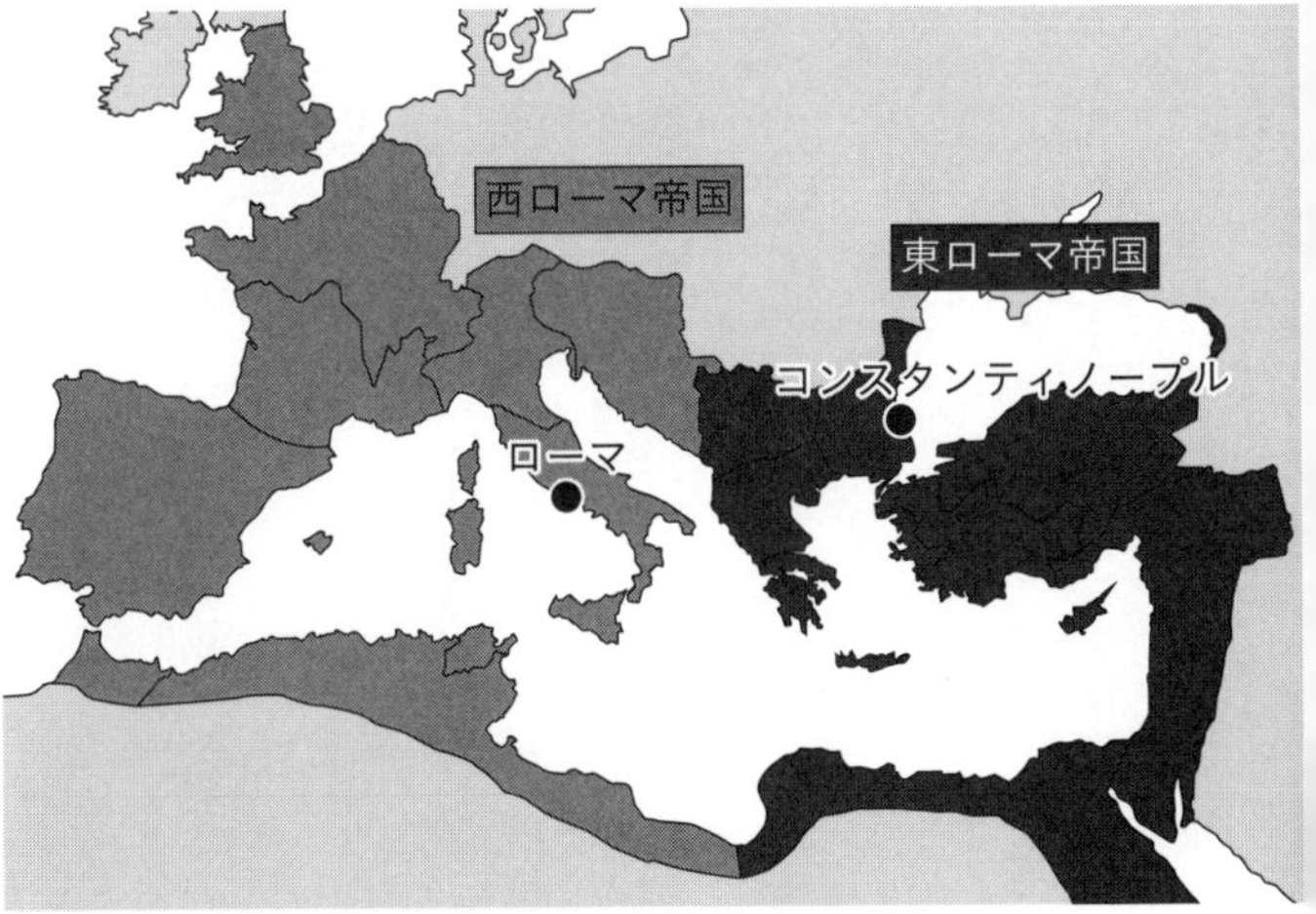

国に分裂します。

このうち西ローマ帝国は、周辺の異民族による侵略で次第に弱体化し、遂に四七六年には滅亡してしまいます。

残った東ローマ帝国は、首都コンスタンティノープルの元の名前がビザンチンだったことから「ビザンツ帝国」と呼ばれるようになります。

東ローマ帝国にはギリシャ人が多く住んでいたことから、やがてラテン語ではなくギリシャ語を採用するようになります。

一方、キリスト教の教会は、ローマ帝国の分裂の影響を受け、西ローマ帝国の滅亡の八年後の四八四年に、東方正教会とローマ教会に分断されてしまいます。

正教会とは「正しい教会」です。東方正教会は、コンスタンティノープルが拠点で、東ローマ帝国の皇帝が教会のトップとなったために、政治権力と宗教的権力が完全に結びついていました。

一方、西側にあたるローマカトリックは、ローマが拠点。初代のパウロから続くローマ教皇がすでに存在していたので、政治権力と宗教的権力は離れています。

ちなみにカトリックという名称は「普遍」という意味で、いわば「みんなの教会」です。二世紀くらいから徐々に使われるようになりました。「正しい教会」か「みんなの教会」か、という対立でした。

東西教会の対立激化

教会組織が分かれると、典礼（礼拝）の仕方や教義の解釈などをめぐって意見が分かれても、これを調整する機能がなくなります。公会議を開くこともありませんから意思統一ができず、次第に違う道を進むようになります。

ローマカトリック教会は、ローマ教皇を頂点としたピラミッド構造となっていて、世界中の全教会を統率しています。それに対して東方正教会は、カトリックの教皇のような全世界の正教徒を統率する仕組みはなく、それぞれの地域の政治権力と結びついて、ロシア正教会、ギリシャ正教会、ルーマニア正教会など独立した存在となります。

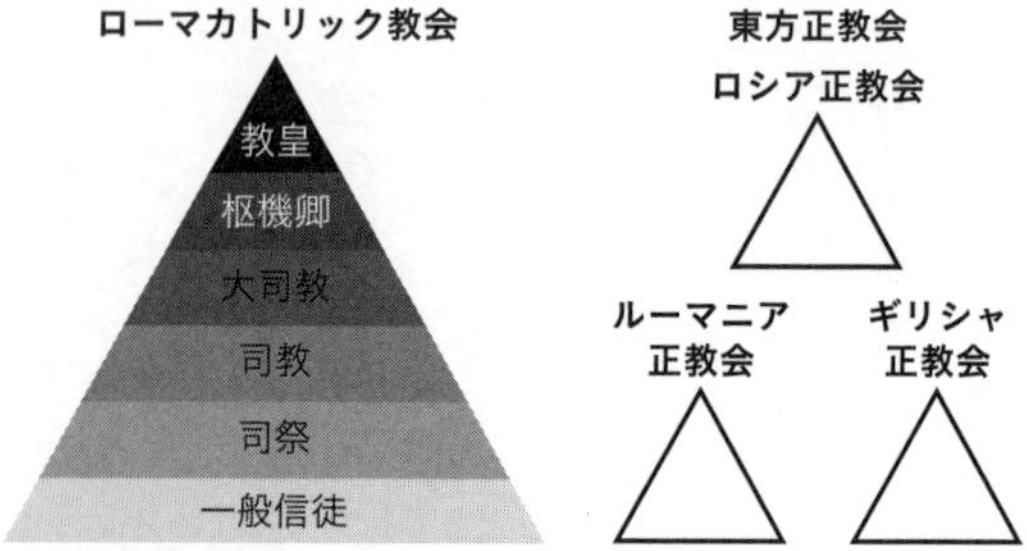

カトリック教会がラテン語を典礼（礼拝）の言語としていたのに対し、東方正教会は、それぞれの国の言語を典礼として使うことを認めたこともあり、国ごとに発展していったのです。

礼拝の仕方では、たとえば信者の十字の切り方が異なります。カトリックでは、親指を折って、額、胸と下ろし、次に左肩、そして右肩と動かしますが、東方正教会では、親指、人差し指、中指を合わせ、後の二本を折り、合わせた三本指で、額、胸と下ろして、右肩、左肩と動かします。右を先にもってくるのは、キリストが昇天した後、神の右手に坐したとさ

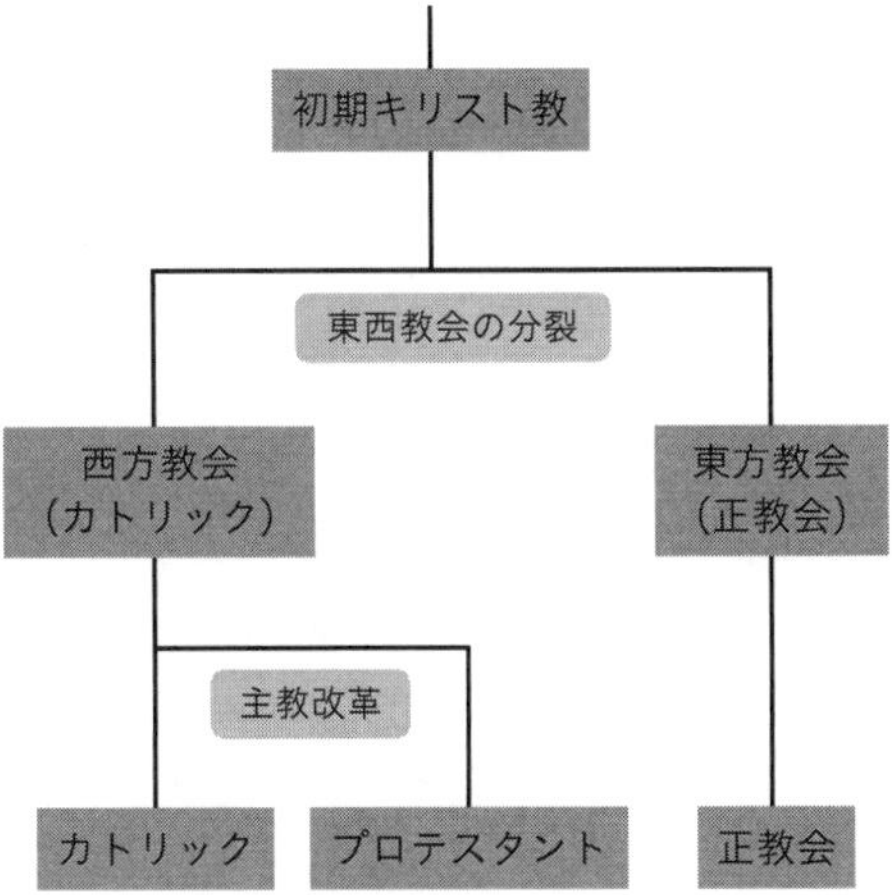

れるからです。

また、東方正教会の聖職者は、黒い帽子に、黒いマントをまとい、必ずひげをたくわえています。これは守らなければならない伝統なのです。

さらにカトリックやプロテスタントでは教会の中に机と座席があり、信者は座ってお祈りしますが、東方正教会では立ったままお祈りします。そもそも教会内に椅子は置いていないのです。

「聖像禁止令」で対立

両教会の方針の違いは「聖像禁止令」

で大きな対立となります。七二六年、ビザンツ帝国（東ローマ帝国）の皇帝レオ三世が聖像（イコン）禁止令を出したのです。聖像の製造ばかりでなく破壊を命令しました。根拠は、『旧約聖書』の「十戒」の中の「**あなたはいかなる像も造ってはならない**」という戒めです。いわゆる偶像崇拝の禁止です。それまで信者たちは布教活動の過程でイエス像やマリア像を活用していました。

ところが七世紀になって、東方正教会の東でイスラム教が勢力を伸ばすと、キリスト教の布教で使われる聖像を「偶像崇拝だ」と厳しく批判するようになります。イスラム教は偶像崇拝禁止を徹底させていて、預言者ムハンマドの姿を描くことも禁じられていたほどでした。レオ三世は、こうしたイスラム勢力の批判を意識したと見られています。

皇帝の命を受け、東方正教会では聖像破壊運動（イコノクラスム）が広がります。

しかし、キリスト教の布教において、それまで聖像は大きな役割を果たしていました。とりわけローマ教皇はゲルマン人などへの布教に聖像を活用していたことから、レオ三世の禁止令に強く反発します。

この対立の背景には、イエスをめぐる「三位一体」の解釈の違いが潜んでいました。

「三位一体」は、神とイエスと聖霊は一体という考え方です。この考え方を突き詰めると、イエスは神なのか人間なのかという論争に遡ります。この時点でも、イエスは「神でもあり、人間でもある」という曖昧な解釈が残っていました。

イエスの神の部分を重視すれば、神の像をつくることは偶像禁止の教えに反することになります。人間ごときに神の像などをつくることはできないからです。これが東方正教会の立場です。

一方、イエスは「受肉した」、つまり人間の形になってこの世界に遣わされたのだからと考え、イエスの人間の部分に注目すれば、人間の部分を聖像にすることは偶像崇拝には当たらない。これがカトリックでした。

その後、ビザンツ帝国での聖像破壊運動はやがて下火となり、八四三年に聖像を拝むことが再び認められるようになりました。やはり教会にはイエスやマリアの像がなければ、ということだったのでしょう。

その後も二つの教会の潮流は、さまざまな点で対立し、遂に一〇五四年、互いに相手を破門してしまいます。

ちなみに双方が和解するのは一九六五年のこと。互いに相手を「釈免する」ことで合意したのです。かといって、両者が統一されたわけではありませんが。

五世紀に西ローマ帝国が消滅した後も東ローマ帝国は存続しましたが、一四五三年、オスマン帝国によって首都コンスタンティノープルが陥落して滅亡しました。コンスタンティノープルはイスタンブールと改称されます。

とはいえ、教会は存続します。東方正教会の影響力は東ヨーロッパからロシアへと拡大していきます。

世界各国の正教の、それぞれのトップを総主教といいます。このうちコンスタンティノープル総主教は「全地総主教」という肩書があり、正教徒から敬意を払われる存在ではありますが、ローマ教皇のような地位ではなく、各国の総主教は基本的に平等です。

総主教の下に主教がいて、主教の補佐役として司祭がいます。

正教を国教としている国はギリシャとキプロスで、北欧のフィンランドは「フィンランド福音ルター派教会」と共に「フィンランド正教会」が国教に定められています。ロシア正教はロシアの国教と思われがちですが、後で述べるように国教とはなっていません。

キエフ公国から始まるロシア正教

現在のロシアのルーツは、現在のウクライナの首都キーウ（ロシア名はキエフ）周辺に九世紀に成立したキエフ公国です。現在のロシア、ベラルーシ、ウクライナは、いずれもキエフ公国が源流です。当時の人々は、自らをルーシと呼んでいて、これがロシアの語源となります。

ここで成立した王国であるキエフ公国のウラジーミル一世は、九八八年にギリシャ正教の洗礼を受け、正教を国教としてビザンツ帝国から導入しました。これが、ロシア正教として発展します。

現在のロシアの文字はキリル文字といいます。これは九世紀に布教していた正教のキリル主教が、スラブ語を表記するにあたって、ギリシャ正教と共に入ってきたギリシャ文字を参考に作り上げました。

こうして成立したロシア正教会は、キリスト教をビザンツ帝国から導入したこともあり、当初はコンスタンティノープル総主教の管轄下にありましたが、一五八九年に独立した正教会としてコンスタンティノープル総主教から承認されました。

一七世紀になると、ロマノフ王朝の庇護を受け、大きく発展します。しかし、一九一七年、ロシア革命によってロシア正教は苦難の時代を迎えます。

ロシア正教とロシア革命

ロシアの共産主義政権は、カール・マルクスの「宗教はアヘンである」という指摘にもとづき、宗教を徹底的に弾圧します。

そもそもマルクスの言葉は、資本主義社会で労働者（プロレタリア）は資本家（ブルジョワジー）の搾取を受け、苦しい生活をしているが、「死んだら天国に行ける」というキリスト教の思想に染まると、現世での革命を考えなくなる。いわば労働者を現世の苦痛に耐えさせる麻薬のような役割を果たしている、という意味でした。

言葉の本来の意味から言えば、資本主義を打倒した後の社会では容認しても問題ないはずなのですが、革命の指導者のレーニンやスターリンは教条主義的に宗教を否定したのです。ロシア正教の教会は国有財産にされてしまいます。

その一方、ソ連憲法では「反宗教宣伝の自由」が認められ、これを根拠として教会に対する激しい弾圧が行われました。

また、多数の聖堂や修道院が閉鎖されました。一九三一年にはモスクワにあったロシア正教の中心的存在であった救世主ハリストス大聖堂がスターリンの命令で爆破されました。ハリストスとはキリストのロシア語読みです。ソ連崩壊後の二〇〇〇年になって再建されています。レニングラードの聖イサーク大聖堂は「無神論博物館」にされていたという皮肉な話まであります。

こうした弾圧により、多数のロシア正教の聖職者や信者が逮捕・処刑されました。革命直後から一九三〇年代にかけて七万人を超える信者が銃殺あるいは投獄されたと言われます。

ただし、こうした状況下でも人々は信仰を完全に捨てることはありませんでした。監視の目をくぐって、ひそかに教会に通っていた人は多かったのです。

一九四三年、ナチスドイツがソ連に侵攻すると、当時の独裁者スターリンは、人々の士気を高める必要に迫られ、正教に対する迫害を中止。教会の活動の一部を認めます。その結果、革命後に総主教が亡くなった後、空位になっていた総主教の選出を認めます。その結果、同年、セルギイ・ストラゴロツキー総主教が選出されました。

セルギイ総主教は、正教存続のための妥協としてソ連の政権に忠誠を誓います。これにより正教は存続できた側面はありますが、聖職者の中には秘密警察であるＫＧＢ（国家保安委員会）のスパイとなって信者の動向を当局に報告する役割を担った人物も現れます。

このため、ソ連崩壊後、当時の正教の姿勢がやむを得なかったものなのかどうかをめぐって議論が続いています。

信仰の自由を認めたゴルバチョフ

ロシア正教に対するソ連の政権の方針が変わるのは、ソ連の改革を目指したミハイル・ゴルバチョフがソ連共産党のトップである書記長になってからです。一九八八年にはロシア正教の指導者たちと会い、ソ連が過去にロシア正教に対して犯した過ちを認めました。

ゴルバチョフ自身、名前のミハイルはキリスト教の天使の名前が由来です。幼少期に母親に連れられてひそかに洗礼を受けていたことを認めます。ロシア正教は弾圧にもめげずに生き続けていたのです。

さらに一九九〇年には「信仰の自由及び宗教団体に関する法律」が施行されました。この法律では信教の自由を改めて確認するとともに、宗教団体が公的に布教や教育活動を行うことが初めて認められました。

「翌1991年にソ連が崩壊すると、抑圧されていた宗教は急速に息を吹き返した。特にソ連崩壊後のロシアで勃興したのは正教会で、ソ連時代に放置されてボロボロになっていた教会の修復運動や、市民の募金による教会の建設運動などが活発になった。」（小泉悠『プーチンの国家戦略』）

このゴルバチョフ時代の法律は一九九七年に改正されます。この改正ではロシアを「世俗国家」と位置づける一方で、「ロシアの歴史、その精神及び文化の形成と発展における正教の特別な役割」を認めていて、正教が事実上、ロシアの国教となったのです。

さらにソ連が崩壊し、ソ連を構成していた共和国が次々に独立国家になると、ロシア正教ばかりでなく、カザフスタンやウズベキスタン、タジキスタンなどではイスラム教が息を吹き返しました。

ソ連時代は、共産主義イデオロギーが、いわば心の拠り所になっていたのですが、ソ連が崩壊すると、多くの国民が心の安寧を宗教に求めたのです。とりわけロシアやベラルーシ、ウクライナの国民は正教に救いを求めたのです。

プーチンを支えるロシア正教

ソ連崩壊後、ロシア正教の聖職者の中にはロシア連邦議会の議員となって政治活動をする者もいましたが、一九九三年、エリツィン大統領と議会（当時はロシア最高会議）が対立すると、ロシア正教会は、どちらを支持することもなく、政治から距離を置きました。

さらに当時のモスクワ総主教のアレクシイ二世は、「ロシア正教会は政局を超越した存在である」として、聖職者が議員を兼任することを禁止しました。ロシア正教会の側が政教分離の立場をとったのです。

しかし、プーチン政権になって以降、ロシア正教は政府に接近しています。プーチン大統領が正教会に接近した、とも言えます。

プーチン大統領は、子どもの頃に母に連れられて洗礼を受けたと語っています。父親は共産党員だったので、父親には内緒だったというのですが。これが本当なら、ソ連が崩壊するまで、プーチン大統領は自己の宗教的信念をひた隠しにしていたことになります。

「プーチン政権は、ロシア正教会とのつながりを重視した。スターリン時代に破壊されたモスクワの救世主ハリストス（キリスト）教会がプーチン政権下で再建されたことは、その顕著な現れである。ソ連崩壊後のロシアがなかなか見出せずにいた新たな国家的アイデンティティや、依然として混乱していた社会の統合の役割が引き続いて期待されたのである。（中略）たとえば1999年に始まった第二次チェチェン戦争では、非公式の身分ながら延べ2000人もの従軍司祭が戦地へ送られ、兵士たちの心のケアを担当したとされる。そして2009年には、メドヴェージェフ大統領（当時）の大統領令によって従軍司祭制度が正式に復活した。ソ連崩壊後のロシア軍では共産党による監視システムが消滅し、綱紀が著しく弛緩した（中略）その際、共産主義のイデオロギーに代わる軍人たちの心の拠り所として導入されたのが宗教だったわけである。」（同書）

二〇一〇年になると、プーチン政権はソ連時代に没収していた正教会の資産を返還します。これにより、ロシア正教会は突然、膨大な資産を保有するようになります。その前年、ロシア正教会はキリル総主教が就任していたので、いわばプーチン政権からキリル総主教へのプレゼントであったのです。

二〇二〇年にはモスクワ郊外のロシア軍が所有する「愛国者公園」の中に「ロシア軍主聖堂」が建設されます。これは対ドイツ戦勝利七五周年を記念したもので、ドイツ軍から押収した武器類を溶かして作った鉄骨が使われていると宣伝しています。ロシア正教の聖職者たちは、ここでロシア軍のために祈りを捧げ、ロシア軍兵士たちも祈りを捧げるのです。ロシア正教は政教分離を守るはずだったのが、この時点で軍教一致になってしまいました。

ロシア正教会トップは元スパイ？

二〇二二年二月、ロシア軍のウクライナ侵攻は世界を驚かせましたが、世界の宗教界を驚愕させたのは、ロシア正教会トップのキリル総主教が、ウクライナ侵攻を「祝福」したことでした。他国への侵略を認めるだけでなく、それを「祝福」する。全面的な支持を与えたのです。「これがキリスト信者のすることか」と憤激した世界の教会関係者も多かったのですが、ロシア国内では、侵攻に反対する正教会の聖職者は少数にとどまっています。

このキリル総主教とは、どのような人物なのでしょうか。

彼はプーチン大統領と同じサンクトペテルブルク出身で、一九四六年生まれ。「祝福」を与えた段階で七五歳です。二〇〇九年にロシア正教のトップである総主教の座につきました。神学校に通い始めた一九七二年にKGBからリクルートされ、二五歳でKGBの工作員になったとイギリスの新聞「タイムズ」が報道したことがあります。教会の聖職者が秘密警察のスパイ。驚いてしまいますが、当時、KGBはソ連社会のあらゆる場所に協力者を配置していましたから、さもありなんという感じです。

つまりプーチン大統領とは同郷で、同じくKGB出身というわけです。

その後、スイスのジュネーブに本部のある国際機関「世界教会協議会」にロシア正教代表として派遣され、ソ連崩壊直前の一九八九年まで駐在していました。世界のキリスト教の関係者についての情報収集や、南米で盛んになっていた「解放の神学」（キリスト教とマルクス主義を合体させ、格差のない社会を求める運動）の影響力を強めるように働きかけることが任務だったとされています。

キリル総主教の最近の発言を見ると、「ロシアとウクライナは一体のものだ」という認識を持っているようです。これは、プーチン大統領と全く同じです。ロシアとベラルーシとウクライナはルーツが同じであり、そもそも一体のものなのに、西側によってウクライナが裏切っているという認識なのです。

その背景には、ウクライナ正教がロシア正教から離れて独立したことに対する怒りと恨みが見えます。

ロシア正教会トップがウクライナ侵攻を祝福する理由

二〇一八年一二月、それまでロシア正教会に所属していたウクライナ正教会が独立を宣言しました。これはロシア正教会の承認を得ないもので、ロシア正教会のキリル総主教は激怒したのです。

ウクライナ正教会が独立を宣言した後も、ロシア正教の管轄下に留まったウクライナ正教会も多かったのですが、そのうちの一部は、二〇二二年にロシア軍がウクライナを侵攻したことに反発して離脱を宣言しました。

この結果、現在のウクライナは、主に四つの宗教界に分かれています。モスクワ正教会の管轄下にあるウクライナ正教会と、二〇二二年に離脱したウクライナ正教会、二〇一八年に独立したウクライナ正教会、それにカトリック教会（東方典礼カトリック教会）です。

東方正教会は、国ごとに独立した正教会が作られますが、ウクライナの場合は、ウクライナが国家として独立する前の一六八六年、ウクライナの信者はモスクワ総主教の直接の管轄下に置かれることが決まっていました。

東方正教会は、各国に存在する正教会が対等であるという建前ですが、正教発祥の地であるコンスタンティノープルの総主教が高い権威を保持していました。しかし、東ローマ帝国が滅亡し、コンスタンティノープルがイスラムの土地イスタンブールになってしまうと、お膝元の信者数は激減。名目上の地位だけは高いという状態でした。そこでモスクワの総主教としては、スラブ世界に点在する正教会全体を自己の管轄下に置こうとして、コンスタンティノープルの総主教からウクライナを管轄する権限を承認させていたのです。

その結果、ウクライナ正教会のトップはキーウ府主教となっていました。府主教とは総主教の下の階級になります。あくまでモスクワの指示に従う立場だったのです。

この状況は、ソ連が崩壊してウクライナが独立した後も変わりませんでした。

しかし、モスクワ総主教の下のウクライナ正教会での典礼（礼拝）は古代スラブ語で行われていました。ウクライナ語を話す信者にとっては、理解が難しいものでした。そうした不満が募り、モスクワの指導下から抜け出そうという動きが続いていました。この動きが決定的となったのは、二〇一四年に起きたロシア軍によるクリミア半島侵攻でした。

ウクライナで親ロシア派の大統領が親西欧派の市民の運動で追放されると、プーチン大統領はクリミア半島にロシア軍の特殊部隊を送り込み、武装した兵士たちの監視下で「住民投票」を実施させ、ロシアに編入させたのです。

さらにウクライナ東部では親ロシア派の武装勢力がウクライナからの独立を求めてウ

クライナ政府軍と戦闘状態に入ります。

これに衝撃を受けたウクライナ正教の信者たちは独立を模索します。そして二〇一八年、コンスタンティノープルの総主教によって独立の承認を得るのです。当時は、そもそも対等の立場のコンスタンティノープルの総主教に独立を承認する権限があるのかという問題も生じたのですが、〝本家〟の権威を借りて、モスクワから独立したのです。

これにはモスクワの総主教が激怒。コンスタンティノープルとの関係を断絶します。さらにウクライナ正教会の独立を承認した世界各地の正教会とも関係を断っています。

その結果、ウクライナの正教徒たちは、モスクワかキーウかの選択を迫られ、ウクライナには二つの正教会が存在することになりました。

ひとつは、モスクワの総主教の管轄下にあるウクライナ正教会。信者数は約五〇〇〇万人いましたが、ロシアのウクライナ侵攻で二〇二二年に多くの信者が離脱しました。

さらにもうひとつは、独立を果たしたキーウの総主教の下のウクライナ正教会。こちらは信者数が約一五〇〇万人と数で圧倒しています。

実はウクライナには、西部を中心にカトリック教徒も存在します。ただ、このカトリック教会は、他国のカトリック教会とは異なり、典礼（礼拝）は正教会の伝統を守っているのです。

そもそもはポーランド・リトアニア共和国の支配下にあったウクライナ西部の正教徒たちが、一五九六年、ローマ教皇の主導権を認めて従来のカトリック教会と合同したことで発足しました。もともと正教会だったので、日常の典礼は正教の方式を取りますが、信仰はローマ教皇に従うという教会です。信者数は約六〇〇万人と推定されています。

プーチンとキリル総主教の思想は同じ

二〇二二年二月にロシア軍をウクライナに侵攻させたプーチン大統領は、ウクライナに独立国家としての正統性はなく、ロシアと一体になるべきだと主張しています。プーチン大統領は、侵攻開始前、「我々にとって、ウクライナは単なる隣国ではなく、我々の歴史、文化、精神空間の不可分の一部だ」と主張しました。これはキリル総主教の考えと一致しています。ウクライナ正教会はロシア正教会の管轄下に留まるべきで、独立は許されないと考えているのです。

さらに翌三月、キリル総主教は、性的少数者が性の多様性を認めるように求めて世界各地で展開されているプライドパレードが、ウクライナ侵攻のひとつの原因であると主張しました。保守的なキリル大主教にすれば、性の区分は男性と女性だけであって、性の多様性を認めることは背教になると考えています。ロシアに比べて西欧化が進み、性の多様性についても寛容になってきたウクライナの存在を認めるわけにはいかないと主張したのです。

キリスト教が政治の世界と癒着すると、指導者次第で戦争を推進する力にもなってしまう。宗教の強さと恐ろしさを痛感します。

第6章

ローマ教皇の権威確立

西ローマ帝国滅亡後もローマ教皇は存続

第五章では、キリスト教会が東西に分裂した後の東方正教会の歴史を見てきました。ここからは、西側のカトリック教会の歴史を見ます。

西ローマ帝国の支配地域にはゲルマン民族が侵攻し、四七六年、西ローマ帝国は滅亡してしまいます。しかし、帝国は滅びてもキリスト教の布教は拡大します。ローマの司教は殉教した使徒ペトロの後継者を自任し、四世紀のシリキウスが「教皇」の名称を使用して、権威を高めていきます。

西ヨーロッパに版図を広げたゲルマン民族のうち、五世紀末にはクロヴィス一世によってフランク王国が建国されます。クロヴィス一世がキリスト教に改宗すると、ローマ教皇はフランク王国を後ろ盾にして信者を拡大させていきます。

フランク王国はフランス、ドイツ西部、イタリア北部まで支配を広げ、これに伴ってローマ教皇の権威も確立します。ローマ教皇をトップに戴くキリスト教は、「カトリック」(普遍)と呼ばれるようになります。

西暦八〇〇年には教皇がフランク王国のカール大帝にローマ皇帝としての王冠を授けます。新たなローマ皇帝は、「神聖ローマ帝国」の皇帝となります。

これ以降、教皇が王冠を授ける権威を持ち、世俗の皇帝はカトリック教会によって承認されるという伝統が始まります。

「政治権力に介入するには、一神教の論理がとても大事になると思う。神の恩恵と救済がないと、人間は生きていけない。そこで、終末の教義を脚色して、悪魔とか地獄とか、煉獄とか、教会だけがイエス・キリストの代理として人びとを救うことができるとか、宣伝した。そのための手段（救済財）が、教会にそなわっているとした。政治権力を上回る、人間の救済に関する権限が、教会にあるというわけです。

そして、結婚にも介入した。結婚は本来、世俗のことがらで、キリスト教と関係なかったんですけども、教会は何百年もの長い時間をかけて、それを秘蹟（サクラメント）だということにした。教会が認める結婚が、正式な結婚になった。主権者である神の許可によって、結婚できるというわけです。どういうふうにこれが政治力になるかというと、封建領主の権力基盤は土地で、それを相続するでしょう。相続権は、正しい結婚から生まれた子どもに与えられることになっていったから、教会の協力がないと、封建勢力はみずからを再生産できない。世代交代のたびに、教会にあいさつが必要になる。王位継承や土地相続のたびに、教会に介入のチャンスが生まれる。これが政治的パワーになった。」（橋爪大三郎・大澤真幸『ふしぎなキリスト教』）

ローマ教皇選出は「コンクラーベ」

ローマ教皇は、カトリック教会全体のトップであるだけでなく、ローマ市内にある世界最小の独立国家バチカンの国家元首でもあります。バチカン市国は「政教一致」国家なのです。

現在の教皇はアルゼンチン出身のフランシスコです。二〇一三年に就任しました。史上初めて南米大陸からの選出です。

初期の教皇は、ローマ周辺に住む聖職者によって選ばれていましたが、一〇五九年に選挙権は高位の聖職者である枢機卿に限定されました。現在は、八〇歳未満の枢機卿の中から選挙で選ばれることになっています。

前々代のヨハネ・パウロ二世までは事実上の終身制となっていましたが、前代のベネディクト一六世は高齢を理由に二〇一三年に辞任。その後継者が現在のフランシスコです。

教皇の後継者選びは、世界各地から集まった枢機卿がバチカン内のシスティーナ礼拝堂で投票します。これを「コンクラーベ」といいます。もともとは「鍵がかかった」という意味です。

一二六八年、当時の教皇が死去した後、後継者選びが紛糾し、三年近く空位が続いたことに信者が怒り、枢機卿たちを会場に閉じ込めて外から鍵をかけ、「選出するまで出て来るな」と言ったとされる故事から、こう呼ばれます。

ただし、現在の枢機卿たちは、礼拝堂に閉じ込められることはなくなり、一連の選出が終了するまでバチカン内の宿泊施設に泊まりシスティーナ礼拝堂に投票に行くというルールに変更されました。

ちなみに日本語では、ローマ教皇は「ローマ法王」と呼ばれていた時期がありました。

それまでバチカンの大使館は日本語で「ローマ法王庁大使館」と法律で定められていたため、マスコミの用語もそれに従っていたのです。

しかし、日本のカトリック教会の中央協議会は、一九八一年、ヨハネ・パウロ二世の来日に合わせて、「法王」の王は世俗的な印象が強いとして、「教皇」に呼び方を統一しました。

日本政府は、引き続き、法王の名称を使用していましたが、二〇一九年一一月にフランシスコ教皇来日を機に教皇に呼び名を変更し、日本のメディアも、これに合わせました。

教皇の権威を決定づけた「カノッサの屈辱」

西ヨーロッパにキリスト教が広がっていく過程でローマ教皇の権威が確立するきっかけとなったのが「カノッサの屈辱」と呼ばれる事件です。

この名称は、かつてフジテレビの深夜番組のタイトルに使われたことがあり、それで日本国内でも一般に名前が知られるようになりました。要は「ローマ教皇」と「神聖ローマ帝国の皇帝」は、どちらが聖職者の任命権を持っているかという争いでした。

聖職者つまりキリスト教会の司教や修道院の院長を任命するのは教皇だろうというのは、現在の私たちの視点です。しかし、当時は必ずしもそうではありませんでした。教会は軍事的には無力で、世俗の権力に頼らざるを得ない場合が多々ありました。そうなると、世俗の権力つまり皇帝が実質的な任命権を得るようになっていたのです。

これをおかしいと考え、改革に乗り出したのが、教皇のグレゴリウス七世でした。一〇七五年のことでした。皇帝の叙任権（聖職者を任命する権限）を否定したのです。

これに対し、神聖ローマ帝国のハインリヒ四世は猛反発します。自らがキリスト教の聖職者たちを任命する権限を持っていてこそ、皇帝の権威が保たれ、絶大な力を持てていたからです。

そこでハインリヒ四世が取った方針は、教皇の廃位を迫ることでした。教皇に「あんた、辞めなさい」と迫るというのですから、強気の方針です。

それに対し、グレゴリウス七世は、ハインリヒ四世を破門してしまいます。これはハインリヒ四世にとって重大な仕打ちでした。教会から破門されてしまうと、帝国内の封建領主たちへの統制力を失ってしまうからです。

そこでハインリヒ四世は、破門を解いてもらうべく、一〇七七年の冬、厳冬のアルプスを越え、教皇が滞在するカノッサ城を訪問します。ところが教皇は会おうとしなかったのです。このためハインリヒ四世は三日間、雪の中を素足で立ち尽くし、面会を求めました。

結局、カノッサ城の城主や修道院長のとりなしで、ようやく会うことができました。現れたグレゴリウス七世は、皇帝の聖職叙任権の否定をハインリヒ四世に認めさせた上で破門を解いたのです。

皇帝にとって、まさに屈辱的な出来事でした。これが「カノッサの屈辱」です。このあたりのやりとりは、とても聖職者とは思えぬ俗っぽい感じがします。これにより、ローマ教皇の権威が確立。皇帝より教皇の方がエライ、ということになったのです。

ただし、話はここで終わりません。後日談があります。ドイツに戻ったハインリヒ四世は反撃の機会をうかがいます。一〇八二年に態勢を立て直して軍隊をローマに進軍させ、グレゴリウス七世をローマから追い出し、サレルノに追放してしまいます。結局、グレゴリウス七世はローマに戻ることができず、一〇八五年にサレルノで死去します。

その後、グレゴリウス七世の遺志を継いだ改革派教皇ウルバヌス二世は、ハインリヒ四世と妥協を成立させ、一〇九三年にローマに戻ります。その二年後、宗教会議を開いて、世俗の人間が聖職者を任命することを禁止します。

しかし、最終的に叙任権が教皇にあることが確認されたのは、一一二二年にヴォルムス協約が成立したときでした。

ちなみにヨーロッパでは現在も「カノッサの屈辱」とは、「強制されて謝罪すること」を意味する慣用句になっています。

第7章

イスラム世界との対立招く十字軍

イスラム世界と対立を招いた十字軍

二〇〇一年九月一一日、アメリカは反米テロ組織「アルカイダ」の攻撃を受けます。旅客機をハイジャックした彼らはニューヨークの世界貿易センタービル二棟に激突。さらに首都ワシントンの国防総省の建物に突っ込み、多くの犠牲者を出しました。

この攻撃を受けて、当時のジョージ・W・ブッシュ大統領（息子）はテロとの戦いを宣言。「これからは十字軍の戦いだ」と口走ってしまいました。これは、あってはならない誤りでした。イスラム世界の人々にとって、「十字軍」とは、自分たちの土地に突然攻め込んできたキリスト教徒たちの軍隊です。アメリカの大統領が「これからは十字軍の戦いだ」と宣言することは、「これからイスラム世界を攻撃するぞ」と言ったも同然の意味になってしまうことだったからです。

ブッシュ大統領の発言に驚いた大統領補佐官たちは、慌てて発言を否定し、ブッシュ大統領にも訂正させますが、時すでに遅し。イスラム世界の過激派たちにとって絶好の口実となりました。「アメリカが十字軍としてイスラム世界に攻め込んでくるぞ。その前にアメリカと戦おう」と呼びかけるきっかけを与えてしまったのです。歴史を知らない、あるいは歴史を一知半解にしか理解していないことの恐ろしさを痛感します。

以後、アメリカはアルカイダの指導者オサマ・ビンラディンを捕らえるために、ビンラディンが潜伏していたアフガニスタンを攻撃。さらに「テロとの戦い」の名の下にイラクも攻撃。泥沼に沈んでいくことになります。

結局、アメリカ軍がアフガニスタンから撤退したのは二〇二一年八月のこと。アメリカ史上最長の戦争を戦い、二三〇〇人以上の兵士が戦死しましたが、何の成果も得られませんでした。

「十字軍」を「聖戦を戦ったキリスト教徒」というのは、実に一方的な見方なのです。

では、十字軍は実際どんなものだったのか、歴史をたどってみましょう。

イスラム勢力に危機感募らせた

十字軍の誕生は、一一世紀後半、東ローマ帝国（ビザンツ帝国）の皇帝が、ローマ教皇に援助を求めたことに端を発します。一二七〇年までに総計七回を数えるのが一般的ですが、途中で失敗したものなどを数え、八回以上あったとする考え方もあります。ここでは七回とします。

東ローマ帝国の本拠地があったコンスタンティノープルは、いまでいうトルコに位置します。このトルコの東部に、トルコ人を主体としたイスラム教徒の政権セルジューク朝（セルジューク・トルコ）が進出してきます。これに危機感を抱いたのがビザンツ帝国の皇帝アレクシオス一世でした。なんと、敵対していたはずのローマ教皇に助けを求めたのです。

実はそれより前からエルサレムはイスラム教徒の支配を受けていて、それでもキリスト教徒の巡礼は問題なくできていましたが、アレクシオス一世は自己の領土を保全しようとするために「聖地エルサレム奪還」を旗印にしたのです。

これに応えたのがローマ教皇ウルバヌス二世でした。敵対していたビザンツ皇帝に恩を売って、教会を統一させようという野心を持っていたからです。たとえ救援がうまくいかなくても、ローマカトリックを優位に立たせることができると考えたのです。

一〇九五年、フランスのクレルモンで開かれた聖職者たちの会議で、ウルバヌス二世は、次のように語りかけたといいます。

「汝らは一刻も早く、東方に住む同胞に助けの手を差し伸べねばならぬ。彼らは汝らの助けを必要とし、何度も乞うてきた。

ペルシャ人であるトルコ人が攻撃してきて（中略）、ローマの領土内や聖ゲオルギウスの腕と呼ばれる地中海地域（すなわちコンスタンティノープル）に進軍した。彼らはキリスト教徒の土地を次々と奪い取り、すでに数々の戦いにおいてキリスト教徒よりも七倍多く勝利し、多くの人を殺し、捕らえ、教会を破壊し、神の王国を荒廃させた。

そのため、熱烈な祈りをもって（中略）、神はキリストの使者である汝らに、速やかに我々の領土からこの下劣な民族を消滅させ、キリスト教徒住民を助けるよう、騎士、歩兵、富める者、貧しき者など身分を問わずすべての者たちを駆り立てよとおっしゃっている。

かの地へ向かう者はすべからく、地を進みあるいは海を渡る間、あるいは異教徒との戦いにおいて、その束縛された生命に終止符が打たれる場合、罪の赦しを得るであろう。

余は神から授けられた力をもって、この点をかの地へ向かうすべての者に約束する」（ダン・ジョーンズ著、ダコスタ吉村花子訳『十字軍全史』）

このように述べ、「束縛された生命」つまり現世の命が失われることになっても、「罪の赦しを得る」つまり天国に行けるとローマ教皇が約束したのです。

これを聞いた人々は、「デウス・ウルト！」「デウス・ウルト！」（神がそれを望んでおられる！）と叫び出したと伝えられています。

ウルバヌス二世教皇は、この聖地奪還の旅に参加する者は、額や胸に十字架の印をつけるように命じました。こうして戦士たちは「十字軍」と呼ばれ、第一回の十字軍の遠征が始まることになりました。

第一回十字軍の蛮行

十字軍への参加者には、さまざまな動機がありました。宗教的情熱に燃えていた人々はもちろん多くいました。聖戦で死ねば天国に行けるというのですから。エルサレムを目指すことは、いわば巡礼でもありました。武装しての巡礼という性格もあったのです。

実は正式な十字軍がヨーロッパを出発する前に、通称「民衆十字軍」と呼ばれる自発的な集団が発生します。隠者ピエールと呼ばれた人物に率いられた人々は、「新天地に行けば生活の糧が得られる」と考えた都市の貧民や農民たちでした。

その数は五万とも一〇万とも言われていますが、正確な数はわかりません。ろくな武器も持たず、着の身着のままで、周辺の集落に対する略奪を繰り返しながらエルサレムを目指しましたが、途中でセルジューク・トルコの反撃にあい、多くがエルサレムに到達する前に戦死したと伝えられています。

当時のヨーロッパは、荘園での農業が広がり、農業生産性の高まりから人口が急増していました。それでも農地を継げるのは長男だけ。次男や三男は、外に出なければなりません。十字軍としてイスラム勢力と戦って勝利すれば、新たに土地を獲得できます。失敗しても天国に行ける。どちらにしてもプラスと考えたのです。

一〇九六年七月、前年のウルバヌス二世の呼びかけに応じて、フランスやドイツの諸侯たちが配下を従え、正式な第一回十字軍が組織されました。一行は、まずはコンスタ

十字軍の第一回遠征

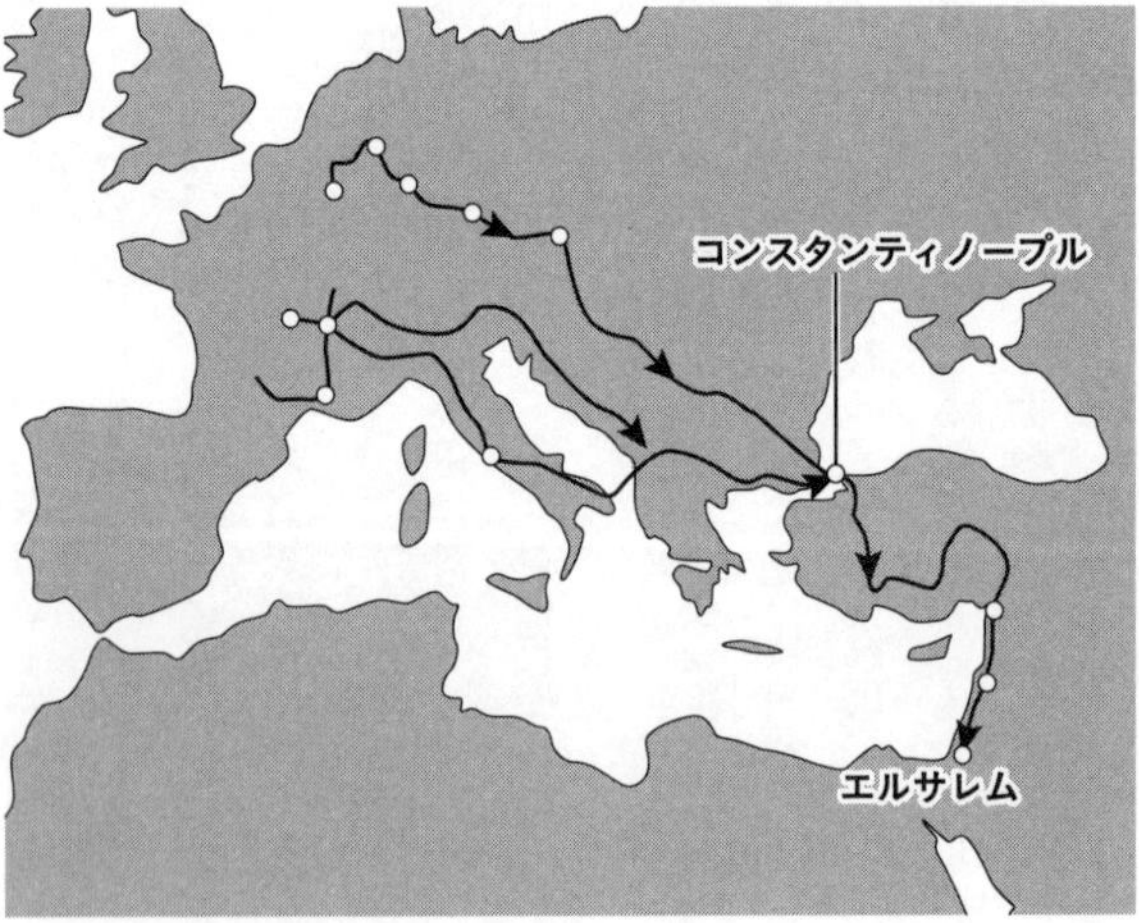

ンティノープルに向かいました。

このうちドイツの諸侯たちは、ハンガリーを通って陸路を進みました。フランスの諸侯たちはイタリアから船でバルカン半島に渡り、そこから陸路を使いました。

コンスタンティノープルでビザンツ軍と合流した軍勢は、騎士が四二〇〇人から四五〇〇人、歩兵約三万人に上ったといいます。

これだけの大軍を養う食料はどうしたのか。軍勢は周辺から徴発つまりは略奪しながら進んできたのです。十字軍のイメージが現地で悪いことが、これでもわかるでしょう。

ここに集まった諸侯に対し、皇帝アレクシオス一世は、ある条件を提示します。それは、軍勢が皇帝の指揮下に入り、以後の戦闘で獲得した土地は、すべてビザンツ帝国のものになる、というものでした。皇帝は、十字軍を使って自国の領土を回復・拡大しようとしたのです。どうも聖戦のイメージが崩れてしまいます。

十字軍は、現在のトルコに当たる「小アジア」の各地でセルジューク・トルコの軍勢を打ち破って進撃します。ただし、当時のトルコ人たちは、これを「キリスト教対イスラム教」の戦いとは受け止めていませんでした。「ビザンツ帝国の軍勢が失地回復のために攻めてきた」と受け止め、自分たちの領土を守る戦いだと考えていたのです。彼らが、「キリスト教徒たちによる侵略だ」と認識するのは、もっと後になってからでした。

一〇九九年五月、十字軍の軍勢はエルサレムに到達して攻撃を開始。七月一五日に遂にエルサレムを陥落させました。この時点で十字軍の軍勢は騎兵一五〇〇人、歩兵一万一〇〇〇人程度まで減っていたといわれます。

しかし、ここから酸鼻極まる虐殺と略奪が始まります。エルサレムの旧市街に突入した十字軍の兵士たちは、市街地にいた全住民を無差別に虐殺しました。対象はイスラム教徒ばかりではありませんでした。そこにいたユダヤ人たちも皆殺しにされました。ユダヤ人たちをシナゴーグに閉じ込めて火を放ったのです。

虐殺と略奪は一週間続き、七万人以上が犠牲になり、エルサレム旧市街は「血の海」になったと伝えられます。エルサレムのシンボルのひとつイスラム教徒にとっての大事な施設「岩のドーム」も襲撃され、建物の中の財宝はすべて奪われてしまいました。これが十字軍の実態だったのです。

いまもイスラム世界で十字軍が恐怖心と共に語り継がれている理由がわかるでしょう。

ちなみにイエスの墓があったとされる場所に建設された聖墳墓教会の入り口の扉には、当時の十字軍の兵士たちが刻んだ十字の落書きが多数残されています。虐殺を繰り返しながら、神には祈りを捧げる。なんともやりきれない事態です。二一世紀になると、イスラム過激派のＩＳ（イスラム国）が、神の名のもとにキリスト教徒やユダヤ教徒への虐殺を続けましたが、十字軍もまた、キリスト教徒の立場から同じようなことをしていたのです。

一方、十字軍を送り出したローマ教皇のウルバヌス二世は、エルサレム陥落の二週間後に病死します。エルサレム陥落の報は、まだ教皇のもとには届いていませんでした。教皇はエルサレムを取り戻したことを知らずに死んだのです。

ヨーロッパでのユダヤ人迫害が始まる

十字軍運動が盛り上がったのと同じ時期に、ヨーロッパではユダヤ人に対する迫害が始まっています。

第一回の十字軍が派遣されたのと同じ年の一〇九六年五月、ドイツのライン地方の都市でユダヤ人居住区のシナゴーグが襲撃され、多くが殺害されています。

エルサレムを奪回しようという宗教的情熱の高まりを受けて、「ユダヤ人のために殺害されてしまったイエスのために復讐しよう」という意識が高まったのです。

また、「ユダヤ人は十字軍を利用して金儲けをしようとしている」というデマも飛び交い、民衆の攻撃が起きました。ヨーロッパでのユダヤ人に対する迫害は、十字軍運動と共に始まったのです。

エルサレム王国を建国

こうしてエルサレムを「解放」した十字軍はエルサレム王国を建国します。さっさと故郷に帰って行った軍勢もいましたが、フランスのロレーヌ公だったゴドフロワ＝ド＝ブイヨンが「聖墳墓教会の守護者」と称して支配します。彼の死後、弟のボードワンが国王と自称します。このエルサレム王国は、その後しばらくこの地を統治しますが、一一八七年、イスラム教徒の名将サラーフ＝アッディーン（サラディン）によってエルサレムを奪われ、一二九一年に事実上消滅してしまいます。

こうして十字軍は略奪を繰り返しましたが、多数の軍勢がヨーロッパから地中海やバルカン半島を通ったことで、イスラム圏との交易が始まります。

また、進んだイスラム圏の文化に接することで、中世のキリスト教社会に大きな刺激を与えることになりました。

相次いで失敗する十字軍

一回目の遠征でエルサレムを奪い取ったキリスト教徒たちでしたが、イスラム教徒の軍勢によって奪い返されたため、続けて二回、三回と十字軍を送り込みます。

第二回の遠征は一一四七年にフランス王ルイ七世などが主力となって実施し、エルサレムには到達しましたが、イスラム勢力の反撃を受けて、失地回復とはなりませんでした。

こうした度重なる十字軍の攻撃を受け、イスラム勢力の指導者サラディンは、一一八七年に「ジハード」（聖戦）を宣言します。つまり、この時点から、イスラム教徒側は、十字軍をキリスト教徒の軍勢による侵略と認識し、イスラム教徒の土地を守る聖なる戦いに立ち上がるのです。

こうして一一八九年に派遣された第三回の十字軍はサラディンの前に敗れます。ただし、イングランドのリチャード一世とサラディンとの間で講和条約が結ばれます。エルサレムに関してはサラディンの主権を認め、キリスト教徒はサラディンから通行証をもらって聖墳墓教会で祈ることが認められたのです。

十字軍により繰り返される殺戮がもたらすもの

一二〇二年、北フランスの諸侯を中心に第四回の十字軍が組織されましたが、彼らはエルサレムを目指さず、一二〇四年、なんと味方のはずのビザンツ帝国の都コンスタンティノープルを攻撃して占領してしまうのです。

これは、十字軍の輸送を請け負ったベネツィアの商人たちの企みでした。商人たちは東西貿易の要として繁栄していたコンスタンティノープルを占領して東方貿易を独占しようという野心を持っていました。

この誘いに乗った十字軍の軍勢はコンスタンティノープルを占領し、ビザンツ帝国の教会や修道院の財産を強奪し、そこに住む人たちの殺戮を繰り返しました。なんと今度はカトリックのキリスト教徒によるギリシャ正教のキリスト教徒への虐殺が行われたのです。

これに対し、当初は十字軍の行いに激怒したローマ教皇インノケンティウス三世は、軍勢を破門してしまいますが、最終的には、この行為を承認。破門を解き、十字軍を祝福してしまいます。

以前から教義上の対立から東西に分裂していたキリスト教会でしたが、この殺戮によって、ギリシャ正教のカトリックに対する反感は憎悪にまで発展したのです。

エルサレムでキリスト教とイスラム教の共存した過去

血塗られた歴史を持つ十字軍ですが、例外もありました。話し合いによるキリスト教徒とイスラム教徒の共存もあったのです。それが第五回の十字軍でした。

一二二八年から始まった第五回の遠征を率いたのは神聖ローマ帝国の皇帝フリードリヒ二世でした。彼はイスラム教とキリスト教が共存していたシチリア王国で育ち、アラビア語を流暢に話しました。

彼はローマ教皇から十字軍を組織するように求められていましたが、当初はこの命に従わなかったため、ローマ教皇から破門されてしまいます。しかし彼は、破門された後も武力を使わず、外交交渉による平和的な解決を試みたのです。交渉相手はイスラム教徒のアイユーブ朝のスルタン（君主）であるアル・カーミルでした。フリードリヒ二世はアラビア語で書いた手紙を送るなど、粘り強い交渉を続けた結果、翌年、平和条約を結んでエルサレムを譲り受けることに成功しました。イスラム教徒もまた、エルサレムでの行動の自由を確保しました。

これは画期的なことでした。こうして一〇年ほどはエルサレムに平和が訪れたのですが、最終的にはフリードリヒ二世はローマ教皇から批判され、アル・カーミルもイスラム勢力から激しい非難を受けてしまいました。

でも、わずか一〇年とはいえ、両者の平和共存が実現したということを、私たちは知っておく必要があると思うのです。中東パレスチナでの紛争が起きるたびに、私たちは八〇〇年前の成功を思い起こすべきでしょう。

その後、第六回、第七回の十字軍の試みもありましたが、結局は失敗に終わりました。以後、二〇世紀までエルサレムはイスラム勢力の支配下に置かれました。

後には、東西キリスト教の反目と、イスラム教徒の側の被害者意識ばかりが残るということになってしまったのです。

これが、ブッシュ大統領が「聖戦」だと思い込んでいた十字軍の実態だったのです。

ローマ教皇の謝罪

こうした十字軍の振舞いをローマ教皇が謝罪したのは、二〇〇〇年から二〇〇一年にかけてでした。ヨハネ・パウロ二世が、ユダヤ人への差別や十字軍の犯した罪について謝罪したのです。

また、一二〇四年に十字軍がコンスタンティノープルを占領して略奪を行ったことについても謝罪しています。

第8章

キリスト教の再度の分裂
——宗教改革

ペスト流行がカトリックの権威を揺るがす

ローマ帝国がキリスト教を国教にすることになった背景には、疫病（おそらく天然痘）の流行があったと書きましたが、カトリックからプロテスタントが分裂する「宗教改革」においても、ペストの流行が背景になっています。一四世紀のヨーロッパでは「黒死病」と呼ばれたペストが大流行し、ヨーロッパの人口の三分の一から四分の一が死亡する事態となりました。

人々は、いくら教会に通って無事を祈っても、次々に罹患してしまいます。教会の神父も感染し、無力でした。カトリックへの信頼が揺らいでしまうのです。

とりわけ十字軍の遠征に失敗して多大な犠牲を出したローマ教皇の権威は失墜します。そこで人々は、カトリックの厳格な戒律から離れ、「生きるとはどういうことか」を真剣に考えるようになりました。

そこから神を絶対視する人生への疑問が生まれ、キリスト教以前の文化を再生することが、「人間性回復」につながると考える人たちが出てくるようになりました。その運動が「ルネサンス」です。イタリアのフィレンツェから始まりました。

それまでの絵画はほとんどがキリスト教の『聖書』の一場面などを描いた宗教画だったのですが、一転、キリスト教以前のギリシャ神話などの古典を題材にした絵画が描かれるようになりました。たとえば「ヴィーナスの誕生」などの絵画は、ギリシャ神話がモチーフですし、女性の裸体が写実的に描かれたりするようになったのです。

そんなルネサンス後期のヨーロッパで、教会への不信感が広がる中、聖職者を通してではなく、イエスを通してのみ神について知ることができるとする神学者が現れます。これが宗教改革の始まりでした。

ローマ教皇、贖宥状を発売

きっかけは、バチカンのサンピエトロ大聖堂の建築資金集めでした。イエスの一番弟子とされるペトロはローマ帝国時代、ローマで殉教したとされ、その墓がある場所とされる場所にサンピエトロ（聖ペテロ）聖堂が四世紀に創建されました、その後、老朽化が激しかったため、一五〇五年にローマ教皇ユリウス二世によって改築が決まりました。

しかし、建築は当初の予定を上回って壮大なものになり、建設途中でユリウス二世は亡くなります。後を継いだ教皇レオ一〇世は享楽家で教会財政を散財したこともあり、建設を継続するための資金集めを考えつきます。それが「贖宥状《しょくゆうじょう》」の販売でした。

一五一五年、贖宥状の販売が始まり、信者に売りつけます。贖宥状とは「罪が許される札」という意味です。

カトリックでは天国と地獄の間に煉獄があると考えられ、死後、人々は煉獄で罰を受けると考えられていました。教会には過去の聖者たちの功績（教会の宝）が溜まっていて、贖宥状を買えば、その功績の一部が自分のものになる。それにより、自分の死後、煉獄の苦しみから逃れることができる、あるいは煉獄で苦しんでいるかも知れない自分の父母を助け出すことができるとされたのです。

ちなみに、私が高校生のときは「免罪符」と習いました。これを買えば罪が免れる札という意味ですが、人間の罪は免れることはなく、神の赦し次第だという考え方からすれば、「免罪符」ではなく「贖宥状」と表現した方が適切だろうということになったのです。

贖宥状は、カトリックの影響下にある地域全体で販売されましたが、とりわけ神聖ローマ帝国支配下にあるドイツでは大々的に販売されていました。

そのドイツで、贖宥状の販売に疑問を抱いた聖職者がいました。それが、ドイツの神学者マルティン・ルターでした。

金を出せば罪は赦されるのか

悔い改めもなく、単に金を出せば罪が赦されるという考え方は、厳格な神学者だったルターにとっては考えられないことでした。

一五一七年一〇月三一日、ドイツ中部ザクセン地方の町ヴィッテンベルクにある教会の門に、ヴィッテンベルク大学神学教授のルターが「九五か条の論題」と題した贖宥状批判の論文が書かれた紙を貼り出します。当時のルターは三四歳の無名の修道士でした。

ルターは、金を出せば罪が赦されることはあり得ない。信仰によってのみ神に赦されると主張。信仰の拠り所を『聖書』に求め、カトリック教会の権威を否定しました。

この批判は、ちょうどこの頃に発明されたグーテンベルクの活版印刷術により大量に印刷され、各地に届けられます。

それまでの書物は、職人が一冊ずつ手書きで写し取っていました。グーテンベルクは、金属の活字を組み合わせ、油性インクを使用した印刷技術を開発しました。これにより、ローマ教皇への批判が広く浸透したのです。

ローマ教皇への批判の高まりに危機感を抱いたレオ一〇世は、一五二一年にルターを破門します。さらに同年、神聖ローマ帝国の皇帝カール五世もルターに思い直すように求めますが、ルターはこれを拒否。カール五世はルターに対し、法の保護外つまり何をされても法の保護を受けない者とします。

ルターが翻訳した『聖書』で支持者拡大

ローマ教皇によって破門され、当時の皇帝とも対立し、ルターは万事休すかと思われましたが、これが、かえってドイツ社会で支持を拡大することになります。

ローマ教皇に対して嫌悪感を抱くようになっていた諸侯や騎士、農民の支持を受けるのです。とりわけ有力者のザクセン選帝侯フリードリヒ三世に匿われ、ここで『新約聖書』をドイツ語に翻訳しました。

ちなみに「選帝侯」とは、世界史ではおなじみの用語です。神聖ローマ帝国の皇帝を選ぶ権限を持った諸侯のことです。

それまでカトリックの教会では『聖書』はギリシャ語あるいはラテン語のものしかなく、教育を受けた聖職者は読めますが、庶民は読むことができませんでした。

ルターは、「聖書に書かれていないことは認めることができない」と言ったとされ、聖書中心主義の立場から、信者が読めるように翻訳したのです。

そして、この『聖書』もまた、活版印刷によって大量に印刷され、各地に広がっていきました。

こうしてルターの教えが広まっていくと、カール五世もいったんはルター派を容認しますが、やがて再び弾圧に転じます。これに怒ったドイツの諸侯たちがカール五世に抗議（プロテスト）したことから、彼らはプロテスタントと呼ばれるようになります。この一連の出来事を世界史では「宗教改革」といいます。

カルヴァンの「予定説」

ドイツのルターと並ぶプロテスタントがジョン・カルヴァンでした。フランス出身で、パリでルターの影響を受け、スイスのジュネーブに移って宗教改革を進めました。一五三六年、自らの教義をまとめた『キリスト教綱要』を出版し、人が神によって救われるかどうかは、あらかじめ神によって予定されているという「予定説」を打ち出します。

これは厳しい考え方です。神は絶対的な力を持っているので、人は、いくら悔い改めても、もともと生まれたときに死後に救われるかどうかが定められているというのです。

一五四一年からはジュネーブの市政の実権を握り、「神権政治」を進めます。宗教反対派を捕まえて裁判にかけ、火あぶりにしていたのです。

カルヴァンは新たな宗派を作るつもりはなかったので、「ルター派」は生まれますが、カルヴァン派という宗派は存在しません。フランスではユグノー、スコットランドでは長老派、イングランドでは清教徒（ピューリタン）などと呼ばれました。

英国国教会発足は国王が離婚するため

一方、イギリスでも宗教改革が行われます。とはいえ、こちらはキリスト教の教義の対立ではなく、国王ヘンリー八世が離婚を求めたからです。

ヘンリー八世は王妃との間に男子が生まれないことに焦り、王妃の侍女を愛人にしようとしますが、侍女は愛人の地位にいることを拒否し、正式な結婚を求めます。

正式に結婚するためには王妃と離婚しなければなりません。しかし、カトリックでは離婚が認められていません。そこでヘンリー八世はローマ教皇に離婚の承認を求めますが、教皇はこれを認めないばかりかヘンリー八世を破門してしまいます。

そこでヘンリー八世は一五三四年、「イギリスの教会の首長はイギリス国王である」

と宣言し、議会にも認めさせます。カトリックから離脱した「英国国教会」が発足しました。

教義の違いによる独立ではなかったので、英国国教会の教会はカトリック様式を保ち、さまざまな宗教儀式もカトリックの色彩を強く残しています。

ヘンリー八世は残忍な国王として知られ、離婚を果たした妻や自分の方針に反対した側近を処刑しました。

さらに、カトリックからの独立に反対するイングランドのカトリック教会や修道院を接収してしまいます。これによりヘンリー八世は莫大な富を自分のものにします。

現在のイギリス王室は、財政的に国家から独立しています。それができるのも、このとき莫大な領地を獲得したからです。ロンドン中心部の土地の多くは王室が持ち主で、イギリス王室は金持ちの大地主なのです。

カトリックは対抗して世界へ布教に

こうしたプロテスタントの勢力拡大に危機感を抱いたカトリックの側でも、宗教改革に対抗した動きが始まります。

カトリックの教義の正しさを再確認した上で、カトリックの聖職者たちも風紀を正して、布教に力を入れるのです。

一五三四年、スペインの貴族で軍人のイグナティウス・ロヨラやフランシスコ・ザビエルなど七人は、パリで男子修道会の「イエズス会」を結成し、新たな布教活動や教育事業を開始します。

創設者のロヨラが元軍人だったこともあり、イエズス会は軍隊的規律を持ち、カトリック内の腐敗を厳しく糾弾しながら力をつけていきます。

このうちザビエルは一五四九年に訪日。約二年滞在して、日本での布教に取り組みました。

イエズス会がスペインで設立されたこともあり、スペインの植民地支配と結びついてラテンアメリカやフィリピンで多くの信者を獲得しました。その結果、二〇一三年三月には、イエズス会出身でアルゼンチンのホルヘ・マリオ・ベルゴリオ枢機卿が第二六六代ローマ教皇に選出され、教皇フランシスコを名乗ります。イエズス会出身のローマ教皇は、これが初めてのことでした。

こうして歴史を振り返ると、宗教改革が行われた結果、カトリックが世界への布教に乗り出し、キリスト教が世界宗教に発展するきっかけになったとも言えるでしょう。

カルヴァン派が資本主義を発展させた？

宗教改革によって生まれたカルヴァン派のキリスト教徒によって「資本主義の精神」が生まれた。これはドイツの社会学者マックス・ウェーバーが一九〇五年に発表した論文『プロテスタンティズムの倫理と資本主義の精神』で展開された理論です。

宗教と経済の意外な結びつきを解いた彼の説は大きな反響を呼びました。

ウェーバーは、ヨーロッパではオランダやイギリスなどカルヴァン派の信者が多いところでは近代資本主義が発達した一方、イタリアやスペインなどカトリックの影響が強い国では資本主義の発展が遅れたことに注目し、その理由を分析しました。

その結果、カルヴァン主義と資本主義の精神には因果関係があるとして、次のような理論を展開したのです。

一　資本主義の「精神」とは、アメリカのベンジャミン・フランクリンに代表されるように、時間を無駄にせず勤勉で誠実であるというものだ。

二　職業を表すドイツ語の「ベルーフ」とは、もともと神から召命されて（呼ばれて）与えられた使命という意味がある。これは宗教改革以後に生まれた言葉だ。

三　カルヴァンの予定説では、救済される人間は、あらかじめ決められている。したがって、人間の努力や善行の有無などによって、その決定を変更することはできない。

ところが人間は、神の意思を知ることができない。したがって、自分が救済されるのかどうかをあらかじめ知ることはできない。

四　善行を働いても救われるとは限らない。また、自分が救われているかどうかをあらかじめ知ることもできない。選ばれていなかったら自分は地獄に落ちて救済されることはない。このように予定説は、人間にとって恐るべき考え方だ。人々は恐怖を感じるだろう。そこから逃れるために、人々は、「神によって救われている人間ならば、神の御心に適うことを行うはずだ」と考えるようになった。「神の御心に適う」とは、天職に就いて成功することだ。

五　こうして人々は、贅沢や浪費をせずに、利益は再投資して会社を大きくしていく。もし利益を上げて浪費すると、それは、地獄に落ちることが決められているからだろう。結果、禁欲的な職業倫理が生まれた。

六　それまでのキリスト教社会では金儲けは決して評価されなかった。ところが禁欲的なプロテスタンティズムによって、天職を得て必死に働いた結果、「利潤」を得るのであれば、それは、その労働が神の御心に適っていることの証左になる。

七　より多くの利潤を得るためには、寸暇を惜しんで勤勉に働かなければならない。こうして厳格な時間管理の意識も生まれた。

八　もともとはカルヴァン主義の予定説による考え方から生まれた「資本主義の精神」だが、本人たちには宗教的意識は希薄になっていっても、勤勉な「資本主義の精神」が後に残った。

これがウェーバーの理論です。

それまで南欧のカトリック圏では、時間に無頓着な労働者が多く、午後には昼寝（シエスタ）をし、日が沈むと仕事を止めるというのが一般的でした。つまり実質の労働時間は短く、労働生産性は低いままでした。それが、新たな働き方を生み出したというわけです。

南欧のカトリック圏の教会に絢爛豪華な建築が多いのは、「教会に寄付をするなど善行を積み重ねれば死後に救済される」と思っている人たちが、教会に莫大な寄付を寄せてくれたからなのです。

一方、プロテスタントにとって大事なことは、一人ひとりが神と向き合って信仰を大切にすること。であれば、たとえ多額の利益を上げても、教会への寄付は控えめにして、利益は再投資に回します。結果、北欧のプロテスタント圏の教会は質素な建築物が多いという傾向になっているのです。

第9章

福音派が大きな影響力を持つ米社会

国民の四分の三がキリスト教徒

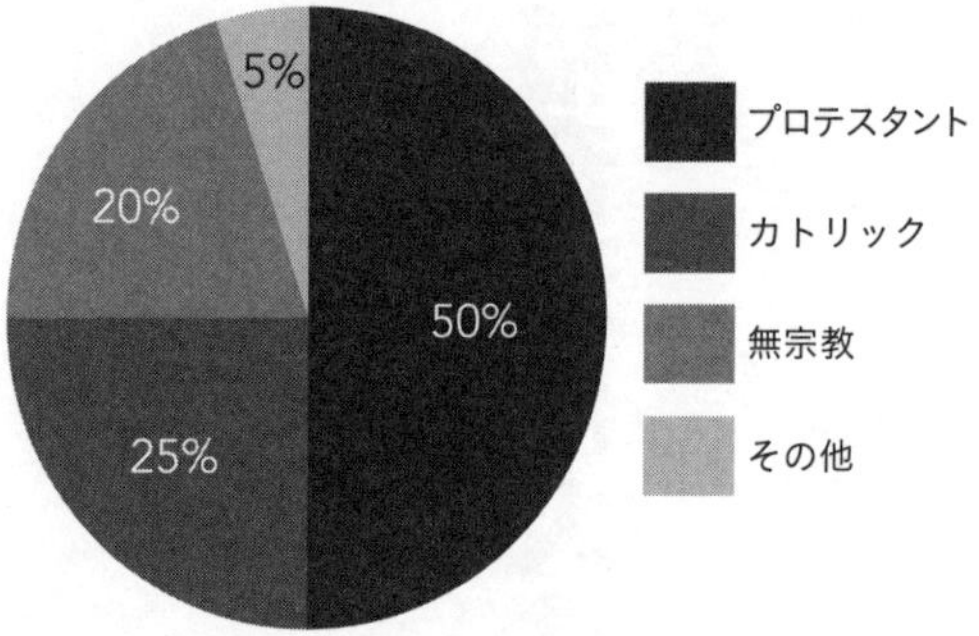

キリスト教が世界に広がっていった結果、国民の多くがキリスト教徒で、キリスト教の考え方が政治の方針を左右するという国も多数あります。中でも世界の大国アメリカは「政教分離」を謳っていながら、キリスト教の影響を強く受けています。

アメリカの宗教人口の割合は、おおむねプロテスタントが約五〇%、カトリックが約二五%、その他の宗教が約五%、無宗教が約二〇%となっています。つまりアメリカ国民の四分の三はキリスト教徒なのです。

プロテスタントのうち、いわゆる「福音派」とされる人たちが半数近くを占めるため、アメリカ全土では福音派が人口の四分の一を占めています。この福音派が、アメリカの政界に大きな影響力を持っているのです。

「ピューリタン」が建国したアメリカ

一六二〇年一二月、一〇二人のイギリス人が「メイフラワー号」という船で、現在のマサチューセッツ州プリマスに到着しました。ここで四一人が上陸します。彼らは英国国教会に不満を持ち、純粋な信仰を志向していました。

そもそも英国国教会はヘンリー八世の都合でカトリックから分離したという経緯があり、宗教儀式にはカトリックの様式が残り、君主制や身分制を重んじていました。

これに対し、イギリスの庶民の間では大陸のカルヴァン派の影響を受けるようになって不満を募らせていたのです。こうした信者たちの熱心な信仰心をエリザベス一世が「ピュア（純粋）な人たち」と皮肉ったことから「ピューリタン」と呼ばれるようになりました。日本語だと「清教徒」です。

英国国教会に批判的であったことからイギリス本国で迫害を受けるようになった彼らは、新天地アメリカ大陸を目指しました。彼らは自らを「巡礼者」（ピルグリム）と称しました。彼らがアメリカの「建国の祖」（ピルグリム・ファーザーズ）とされています。ただ、最初の四一人のうちの約半数は、厳しい寒さに耐えきれず、翌春を迎えることができませんでした。

その一〇年後、やはりピューリタン約一〇〇〇人がプリマスに近いボストンに上陸しました。そのときの指導者ジョン・ウィンスロップは「山の上にある町」を築こうと信者に呼びかけました。「山の上にある町」とは、『新約聖書』の中での「山上の垂訓」に出てくる言葉です。前にも紹介しましたが、ここで再掲しておきます。

あなたがたは世の光である。山の上にある町は、隠れることができない。また、ともし火をともして升の下に置く者はいない。燭台の上に置く。そうすれば、家の中のもの

すべてを照らすのである。そのように、あなたがたの光を人々の前に輝かしなさい。人々が、あなたがたの立派な行いを見て、あなたがたの天の父をあがめるようになるためである。

こうしてアメリカは「ピューリタン」によって建国されていきます。国が発展するにつれ、厳格な教えを守る人ばかりではなくなり、英国国教会の影響を受けた人たちも入植するようになりますが、『聖書』の教えに忠実であろうとする彼らの子孫たちは、『新約聖書』の「福音書」に忠実であろうとし、「福音派」と呼ばれるようになります。

「国教」は定めなかった

やがて独立戦争によってイギリスから独立を果たした一三の植民地は、ピューリタンばかりでなく、多様な民族やいくつもの宗派の信者がいたこともあり、それぞれの州の独自性を残した連邦国家を形成します。

建国の父たちは、ほとんどがプロテスタントでしたが、それを国教にすることはしませんでした。宗教対立が国家を分断の危機に陥れる恐ろしさを理解していたからです。そこで憲法修正第一条として、以下の条項を追加しました。

連邦議会は、国教を定めまたは自由な宗教活動を禁止する法律、言論または出版の自由を制限する法律、ならびに国民が平穏に集会する権利および苦痛の救済を求めて政府に請願する権利を制限する法律は、これを制定してはならない。（アメリカンセンター訳）

ここで「国教を定め」ることを禁止していますが、特定のキリスト教の宗派を国教にすることを禁止しただけで、アメリカがキリスト教の国家であることは常識であり、前提になっていました。その証拠に、アメリカのドル紙幣や硬貨には、いずれも「IN GOD WE TRUST」（我々は神を信じる）と明記してあります。ほかにも、さまざまな場所で神という言葉が出てきます。大統領の就任式で新大統領は聖書に手を置いて宣誓をします。神という言葉が頻出する国家。それがアメリカなのです。

とはいえ、建国された後のアメリカは、プロテスタント以外は差別されてきました。アメリカ先住民が異教徒として排除されたのはもちろんのこと、後から入植したカトリック信者も差別されます。

アメリカに大量のカトリック教徒が入ってきたのは、一九世紀半ばに深刻な飢饉が発生したアイルランドからでした。当時のアイルランドでは主食のジャガイモの病気が流行したからです。

貧しかった彼らは、アメリカで低賃金でも喜んで働いたため、アメリカの主流派であるプロテスタントから嫌われ、差別を受けました。

ここからアメリカの主流派は「ＷＡＳＰ」（ワスプ）だという言葉が生まれます。これは、White（白人）でAnglo-Saxon（アングロサクソン）でProtestant（プロテスタント）の頭文字をとった略称です。

歴代のアメリカ大統領は、ＷＡＳＰでないとなれないと言われてきました。これが問題になったのが、カトリック教徒のジョン・Ｆ・ケネディが一九六〇年、民主党の大統領候補に選出されるときのことでした。

ケネディはアイルランドからの移民の子孫でした。父親のジョセフ・ケネディはアイルランド移民の子孫ながら経済的に成功。巨万の富を蓄積し、その財力で息子を大統領にさせようとしていました。

しかし、カトリックはローマ教皇の指示に従います。「アメリカの大統領が他国の指導者の指示に従う立場の人間でいいのか」という批判を受けたのです。

結局、ケネディは「自分の信仰とアメリカの大統領としての立場は別だ」と宣言して、ようやく民主党の大統領候補として認められ、第三五代大統領に就任できました。

その後もプロテスタントの大統領が続きましたが、二〇二〇年、民主党のジョー・バイデン候補が、カトリック信者としては二人目の大統領に当選しました。

バイデン候補に関しては、選挙中、カトリック信者であることは問題になりませんでした。それだけ宗教が多様化したからかも知れませんが、一番大きかったのは、トランプ大統領の再選を阻止しようとした人たちが、宗派に関係なくベテラン政治家であるバイデン候補に結集したからでしょう。

大きな影響力を持つ「福音派」

最近のアメリカでは、先ほども述べた福音派が大きな影響力を持つようになってきました。保守的な白人に多いプロテスタントの福音派は、中南米や中東からの移民の増大で、自らが少数派に転落しつつあることに危機感を募らせていると言われます。中南米からのヒスパニック（ラティーノ）はカトリック教徒ですし、中東からの移民はイスラム教徒です。「アメリカは白人のプロテスタントが建国した」という思いが強い人たちは、自分たちの「あるべき」姿を政治において維持しようとしているのです。

この福音派とは、キリスト教のプロテスタントを信仰の姿勢によって比較分類する際に用いられる用語です。福音派は、『聖書』とは「神の霊感」によって書かれたもので、その内容は一字一句すべて誤りのない神の言葉であると信じている人たちです。

アメリカの福音派は、プロテスタントの長老派やバプテスト派、メソジスト派など、ほぼすべての宗派に存在しています。

この福音派の力を最初に見せつけたのは、一九八〇年の選挙で共和党のロナルド・レーガン大統領を当選させたことです。さらに二〇〇〇年の選挙では共和党のジョージ・W・ブッシュ大統領を押し上げました。

レーガン大統領の場合は、対抗馬が二期目を目指す民主党のジミー・カーター大統領でしたが、失政が響いて支持率が低迷していましたから難なく当選を果たしました。ブッシュ大統領の場合は、選挙戦中から、その能力にクエスチョンマークがつくこともありましたが、本人が福音派であることを強調。福音派の熱心な支持で選挙に勝利しました。その結果、「テロとの戦い」を「十字軍の戦いだ」などと失言してしまうのです。

その反対に二〇〇八年の大統領選挙で共和党から出馬したジョン・マケイン候補は、極端な保守派ではなく、福音派からの支持を得ることができずに、民主党のオバマ候補に敗北しました。

トランプ、イスラエル寄りの方針に

こうした福音派の力を見せつけたことで、二〇一六年の大統領選挙でドナルド・トランプ候補は、福音派からの支持を得るべく、選挙公約でイスラエルのアメリカ大使館をテルアビブからエルサレムに移転すると表明し、当選すると、まもなく大使館を移転させました。福音派は、『聖書』の独特の解釈から、「世界の終わりに際し、エルサレムをユダヤ人国家のイスラエルが守っていてこそキリストが再来する」と信じています。

イスラエルが建国されたのは一九四八年のこと。第二次世界大戦中、ヨーロッパ在住のユダヤ人たちはナチスドイツによる弾圧を受け、実に六〇〇万人が強制収容所などで虐殺されました。十字軍の頃からのユダヤ人差別が、遂に大悲劇を招いたのです。

戦後、ユダヤ人たちは、かつてユダヤの王国があったパレスチナ地方に祖国を建国したいと考えます。ユダヤ人の悲劇を知った国際社会は、これを支援。一九四七年に国連はパレスチナ地方を「ユダヤ人国家」と「アラブ人国家」に分割することを決議します。

ただし、エルサレムはユダヤ、キリスト、イスラムの三つの宗教の聖地であることから、どこの国家にも属さない「国際管理都市」にしました。このためイスラエルは地中海沿いのテルアビブを首都にして建国しました。世界各国の大使館もテルアビブに設置されました。

しかし第三次中東戦争でイスラエルはエルサレムを占領し、「決して分割されることのない永遠の首都」と宣言していました。

各国の大使館は相手国の首都に設置することになっていますが、イスラエルの行為は国連決議に反することなので、アメリカも日本も世界各国は大使館をテルアビブに置いたままでした。

トランプ大統領がアメリカ大使館をエルサレムに移転したということは、エルサレムがイスラエルの首都であることを認めたことになります。これは国連決議に反することですが、トランプ大統領は、選挙での福音派の支持を得るために、こういう外交方針を取ったのです。

福音派は保守右派

地方都市には保守的な人が多く、都市部にはリベラルな人が多い。多くの国で、こうした傾向はみられます。アメリカも例外ではなく、ニューヨークなど東海岸とカリフォルニアなど西海岸ではリベラルな民主党支持者が多数住んでいますが、中西部や南部に行くと、共和党を支持する保守的な人たちが多く住んでいます。とりわけこの地域には敬けんなキリスト教徒が多く、「バイブルベルト」（聖書地帯）と呼ばれます。

こうした地域には「メガチャーチ」と呼ばれる巨大な教会があります。教会内に大規模なホールがあります。全米に一三〇〇以上あると言われ、日曜日には数万人の信者が集まります。カリスマ牧師が歓声の中で迎えられ、礼拝が行われます。この様子はケーブルテレビで中継されます。

牧師の多くは福音派で、家族の大切さや同性婚反対、妊娠中絶反対、国家への忠誠心などを説くのです。

また、彼らの多くがカルヴァンの考え方を継承しているので、勤勉さを重視します。神から認められていれば勤勉に働くことができ、裕福になれる。低所得者は神から救済されない存在であり、勤勉でないから貧しいのだ。こう考えてしまうため、自己責任論になり、低所得者のための社会保障強化に反対するのです。

オバマ前大統領が任期中に創設に力を入れた「オバマ・ケア」（誰でも医療保険に入

れるようにした制度）に反対する人が共和党の保守派に多いのも、こうした自己責任論にもとづくものです。

最高裁判決めぐり二分する全米

二〇二二年六月二四日、アメリカの連邦最高裁判所は、「中絶は憲法で認められた女性の権利」とした四九年前の判断を覆す判決を下しました。これには中絶に反対する保守派は大歓迎する一方、中絶は女性の権利だと主張するリベラル派は猛反発。全米各地で、それぞれの立場の人たちが集会を開きました。

アメリカは、人工妊娠中絶の是非をめぐって国論が二分する国家なのです。実はここにも宗教の考え方が背景となっています。

連邦最高裁判所の判事は全部で九人。奇数にしておいて、多数決で判断を下す仕組みになっています。判事は終身制で、死亡するか、自ら退任した場合のみ、大統領が後任を指名します。

現在の顔ぶれは、トランプ前大統領が任期中に保守派の判事三人を指名したことで、保守派六人、リベラル派三人と保守派が多数となり、過去の判例を覆してしまったのです。

今回、中絶の権利を制限することに賛成した六人の判事のうち五人は敬けんなカトリック教徒で、もう一人は現在はカトリック教徒ではありませんが、カトリック教徒の家庭で育ちました。カトリックは人工妊娠中絶に反対の立場をとっていて、判事の判断に宗教が影響していることがうかがえます。

「中絶は権利」と認めた判断とは

今回の連邦最高裁の判断は、四九年前の一九七三年に当時の最高裁が「中絶は憲法で認められた女性の権利」だとする判断を覆したものでした。では、四九年前の判決とは、どんなものだったのか。

きっかけとなったのは、南部テキサス州の妊婦が起こした訴訟です。「母体の生命を保護するために必要な場合を除いて、人工妊娠中絶を禁止する」という当時のテキサス州の法律は女性の権利を侵害し、違憲だとして訴えたものでした。

裁判は、原告の妊婦を仮の名前で「ジェーン・ロー」と呼んだことから、裁判で州政府の代理人となった州検事の名前ウェイドと合わせて「ロー対ウェイド」裁判と呼ばれています。

当時の連邦最高裁は、「胎児が子宮の外で生きられるようになるまでなら中絶は認められる」として、中絶を原則として禁止したテキサス州の法律を違憲とし、妊娠後期に入るまでの中絶を認める判断をしました。これは妊娠二三週頃までの中絶は認められると解釈されてきました。

根拠としたのは、プライバシー権を憲法上の権利として認めた合衆国憲法の修正第一四条です。憲法では、中絶について明文化されていないものの、女性が中絶するかどうかを決める権利もプライバシー権に含まれると判断したのです。

これが判例となり、以後、中絶は憲法で認められた女性の権利だとされてきました。

ところが近年、特に共和党の支持者が多い地域で、女性の自らの身体についての選択よりも、宿った命こそが大切だとして、人工妊娠中絶を厳しく規制する法律が相次いで成立していました。

今回の判断は、ミシシッピ州の法律が妊娠一五週以降の人工妊娠中絶を原則として禁止しているため、州内にひとつしかない中絶をするクリニックが、「憲法に違反する」と訴えていました。

これについて連邦最高裁は二四日、「中絶の権利は憲法に明記されていない。歴史や憲法は州が中絶を規制したり、禁止したりすることを禁じていない」として、ミシシッピ州の法律は憲法に違反していないと結論づけました。そして、「中絶規制の是非は、有権者と、選挙で選ばれた代表に委ねるべきだ」としました。

この結果、今後は中絶に関しては各州の判断に委ねられることになりました。つまり、アメリカの憲法では中絶の権利が認められているわけではないとの判決ですが、だからといって中絶を禁止するわけでもなく、各州がそれぞれ決めればいいことだという判断なのです。

この結果、今回の判断を受け、中西部や南部（つまりバイブルベルト）を中心に中絶が厳しく規制されることになりそうです。すでに南部のオクラホマ州では受精時点からの中絶を重罪とする州法が発効しました。また、南部のルイジアナ州では、強姦や近親相姦など女性本人が望まない妊娠でも中絶は認めない州法が発効しました。

一方で、今回の裁判を受け、アメリカ中部カンザス州では八月、州の憲法に「中絶の権利を保障しない」という文言を加える改正案についての住民投票が行なわれましたが、反対が多数となり否決されました。また、北東部や西部の都市部を中心に一六州は中絶の権利を明文化した州法を制定していますので、こうした州では、引き続き中絶が認められます。

まさにアメリカでは分断が進んでいます。

こうした動きについて、世論調査機関「ピュー・リサーチセンター」の最新の調査によると、中絶に関し、「すべての場合で合法とすべき」と「ほとんどの場合で合法とすべき」を合わせると六一%に達し、「すべての場合で違法とすべき」と「ほとんどの場合で違法とすべき」を合わせた三七%を大きく上回りました。

これを支持政党別で見ると、「合法とすべき」と回答したのは民主党支持者では八〇

%でしたが、共和党支持者では三八%にとどまりました。支持政党による違いがはっきりと表れています。（NHK NEWSWEB 二〇二二年六月二五日より）

今回の連邦最高裁の判断は、アメリカ国内のカトリックやプロテスタントの福音派にとっての勝利でした。キリスト教の影響が、ここまで浸透していることがわかります。

おわりに

この本を執筆していた今年二月、ロシアによるウクライナ侵攻という衝撃的な出来事がありました。ところが、このような暴挙について、プーチン大統領は『聖書』を引用して正当化するではありませんか。

あるいは、ロシア正教のキリル総主教が軍事侵攻について「祝福」したというニュースも衝撃的でした。この発言に関しては、他のキリスト教の関係者から非難の声が上がりましたが、宗教をこのように使う人たちがいるのですね。

キリスト教の歴史は、十字軍の昔から、宗教改革以降のカトリックとプロテスタントの紛争など、血なまぐさい出来事が多く発生してきました。本来、宗教とは人々が幸せになるためのもののはずなのに。

こうなると、『聖書』を改めて自分で読んでみようという気になりませんか。本書は、そんな人のための手引きとして構想されました。SBクリエイティブの編集者・齋藤舞タさんの熱心な説得によって執筆する気になりましたが、おかげで『旧約聖書』と『新約聖書』を読み返すことができました。感謝しています。

私はクリスチャンではありませんが、『聖書』については、世界に通用する教養として一読することをお勧めします。

二〇二二年九月

ジャーナリスト　池上　彰

主要参考文献

『聖書　新共同訳（旧約聖書続編つき）』（日本聖書協会）
阿刀田高『旧約聖書を知っていますか』（新潮文庫、1994年）
阿刀田高『新約聖書を知っていますか』（新潮文庫、1996年）
井上浩一『生き残った帝国ビザンティン』（講談社学術文庫、2008年）
ウィリアム・H・マクニール著、佐々木昭夫訳『疫病と世界史（上）』（中公文庫、2007年）
ウィリアム・H・マクニール著、佐々木昭夫訳『疫病と世界史（下）』（中公文庫、2007年）
江口再起『ルターと宗教改革500年』（NHK出版、2017年）
小泉悠『プーチンの国家戦略』（東京堂出版、2016年）
佐藤賢一『学校では教えてくれない世界史の授業』（PHP研究所、2018年）

佐藤唯行『ウラ事情がわかる！「ユダヤ」で読み解く世界史』（PHP文庫、2022年）
佐藤優『13歳からのキリスト教』（青春出版社、2021年）
塩野七生『十字軍物語　第一巻―神がそれを望んでおられる―』（新潮文庫、2019年）
塩野七生『十字軍物語　第二巻―イスラムの反撃―』（新潮文庫、2019年）
塩野七生『十字軍物語　第三巻―獅子心王リチャード―』（新潮文庫、2019年）
塩野七生『十字軍物語　第四巻―十字軍の黄昏―』（新潮文庫、2019年）
関眞興『キリスト教からよむ世界史』（日経ビジネス人文庫、2018年）
高階秀爾『《受胎告知》絵画でみるマリア信仰』（PHP新書、2018年）
竹下節子『キリスト教の真実』（ちくま新書、2012年）
タラ・ムーア著、大島力監修、黒木章人訳『図説 クリスマス全史：起源・慣習から世界の祝祭となるまで』（原書房、2021年）
ダン・ジョーンズ著、ダコスタ吉村花子訳『十字軍全史』（河出書房新社、2022年）
内藤博文『キリスト教から読みとける世界史』（KAWADE夢新書、2022年）
橋爪大三郎、大澤真幸『ふしぎなキリスト教』（講談社現代新書、2011年）

廣石望『新約聖書のイエス　福音書を読む　上』（ＮＨＫ出版、２０１９年）
マックス・ヴェーバー著、大塚久雄訳『プロテスタンティズムの倫理と資本主義の精神』（岩波文庫、１９８０年）
森孝一『宗教からよむ「アメリカ」』（講談社選書メチエ、１９９６年）
森本あんり『宗教国家アメリカのふしぎな論理』（ＮＨＫ出版新書、２０１７年）
森本あんり『キリスト教でたどるアメリカ史』（角川ソフィア文庫、２０１９年）

アメリカンセンター「米国の歴史の概要」
https://americancenterjapan.com/aboutusa/translations/3375/
カトリック中央協議会ウェブサイト
https://www.cbcj.catholic.jp/catholic/history
NHK　NEWSWEB　２０２２年6月25日

https://www3.nhk.or.jp/news/html/20220625/k10013687721000.html

著者略歴

池上 彰（いけがみ・あきら）

1950年、長野県松本市生まれ。慶應義塾大学経済学部を卒業後、NHKに記者として入局。さまざまな事件、災害、教育問題、消費者問題などを担当する。1994年4月から11年間にわたり「週刊こどもニュース」のお父さん役として活躍。わかりやすく丁寧な解説に子どもだけでなく大人まで幅広い人気を得る。2005年3月、NHKの退職を機にフリーランスのジャーナリストとしてテレビ、新聞、雑誌、書籍、YouTubeなど幅広いメディアで活動。名城大学教授、東京工業大学特命教授など、11大学で教える。おもな著書に『伝える力』シリーズ（PHPビジネス新書）、『知らないと恥をかく世界の大問題』シリーズ（角川SSC新書）、『なんのために学ぶのか』『20歳の自分に教えたい現代史のきほん』（SB新書）など、ベストセラー多数。

SB新書　596

聖書《せいしょ》がわかれば世界《せかい》が見《み》える

2022年 10月15日　初版第1刷発行
2022年 11月24日　初版第4刷発行

著　者　池上《いけがみ》 彰《あきら》

発行者　小川 淳

発行所　SBクリエイティブ株式会社
〒106-0032　東京都港区六本木2-4-5
電話：03-5549-1201（営業部）

装　幀　杉山健太郎

本文デザイン DTP　株式会社ローヤル企画

編集担当　齋藤舞夕

印刷・製本　大日本印刷株式会社

本書をお読みになったご意見・ご感想を下記URL、
または左記QRコードよりお寄せください。

http://isbn2.sbcr.jp/13518/

落丁本、乱丁本は小社営業部にてお取り替えいたします。定価はカバーに記載されております。本書の内容に関するご質問等は、小社学芸書籍編集部まで必ず書面にてご連絡いただきますようお願いいたします。

ISBN 978-4-8156-1351-8